HANS GSELLMANN • ISLAND

HANS GSELLMANN

ISLAND

*Ich bedanke mich bei Islandair – dem kurzen Schritt nach Island –
für die Unterstützung bei den vielen Flügen, die für das Zustandekommen
dieses Buches notwendig waren.*

Abbildung Seite 2:
Der Sohn Erichs des Roten, Leifur, dessen westwärts blickende Bronzestatue das Bild vor der Hallgrimskirche in Reykjavik zeigt,
krönt die Tat des Vaters. Im Jahr 1000 segelte er von Grönland nach Westen und betrat ein halbes Jahrtausend vor Kolumbus Amerika.
Island ist nicht nur eine geologische Brücke zwischen Europa und Amerika!

Die Deutsche Bibliothek – CIP-Einheitsaufnahme

Island / Hans Gsellmann. –
Graz ; Wien ; Köln : Verl. Styria, 2000
ISBN 3-222-12756-5

Printed in Austria
Schutzumschlag und grafische Gestaltung: Peter Salmutter, Graz
Lithoherstellung: Reprotec, Judendorf-Straßengel
Druck: druckservice STYRIAN, Graz
Gedruckt auf MAGNOSTAR von **sappi**
ISBN 3-222-12756-5

Vorwort

„Die Schöpfung der Natur ist vollkommen und nichts in ihr ist überflüssig", sagt Leonardo da Vinci.

Von ähnlichen Gedanken inspiriert nutzt Hans Gsellmann das Medium der Fotografie, intimes Empfinden für Natur und Landschaft spürbar zu machen. Der begabte Fotograf liefert mit seinem fast 200 Seiten umfassenden Buch „Island" ein ganz außergewöhnliches Dokument meiner Heimat. Es ist eine Widmung an die „Feuerinsel am Polarkreis", an ein Land, das seit Urzeiten den Elementen trotzt, verbunden mit und doch abhängig vom Atlantik, an ein Land, in dem der Fremde in Abgeschiedenheit zu sich selbst finden kann.

Hans Gsellmann lädt als profunder Kenner Islands zu einer Bildreise ein, die jeden faszinieren wird. Seine Fotografien von exzellenter Qualität erzählen von der herben Größe, der Dramatik und den Naturschönheiten der Insel.

Die ursprünglichen Landschaften Islands präsentiert Hans Gsellmann dem Beschauer zu allen Jahreszeiten. Er durchstreifte mit seiner Leica nahezu alle Gebiete des Landes, und es gelingt ihm, in einer Art „Foto-Galerie" hinzuweisen auf Motive, die sich durch eine urwesenhafte, von elementaren Kräften gestaltete Landschaft ziehen. Seine Kamera läßt facettenreiche Bilder von Island entstehen. Die einzelnen Jahreszeiten ermöglichen ihm dabei Zugang zu einer selten breiten Farbpalette. Die sich ihm bietenden Lichteffekte bezieht er geschickt ein. So sind die technisch vollkommenen Aufnahmen von Fauna, Flora und den geologischen Strukturen Islands von besonders hohem ästethischem Wert.

Hans Gsellmann tritt jedoch nicht nur als begnadeter Fotograf in Erscheinung, nein, er stellt sich dem Leser mit seinen Begleittexten durchaus auch als sensibler und wortmächtiger Autor vor. Der Betrachter des Bildbandes erhält so neben der Beschreibung der individuellen Aufnahmen sowohl Informationen über die Geschichte wie auch über das moderne Island mit seinen lebenswichtigen wirtschaftlichen Grundlagen.

Das Buch ist eine Inspiration für jeden, und ich hoffe, sehr verehrte Leser, daß es in Ihnen die Lust erweckt, Island näher kennenzulernen.

Ingimundur Sigfússon
Botschafter von Island

HANS GSELLMANN

Einleitung

Frühe Berichte

Wie die Nebel Island oftmals verhüllen und nur da und dort einen Gletschersaum hervorblinken lassen, einen Lavahang oder Fetzen grünen Landes, so taucht die Insel auch schemenhaft und in kleinen Fragmenten aus dem Nebel der Geschichte auf. Bei allen Betrachtungen der frühesten Seefahrten in den nördlichen Gewässern stoßen wir auch bei der Frage, wer Island entdeckte, sogleich auf einen berühmten Seefahrer des Altertums, nämlich auf den Astronomen und Geographen Pytheas aus Massilia – dem heutigen Marseille.

Er unternahm um das Jahr 325 v. Chr. seine berühmt gewordene Forschungsfahrt in den Norden, bei der er „Bretanike" – Britannien – erreichte. Es war eine Reise, die astronomische Fragen klären sollte, vor allem die der Erdkrümmung. Denn der wagemutige Pytheas war bereits von der Kugelgestalt der Erde überzeugt. Drei Tagesreisen nördlich von Schottland erreichte er das geheimnisvolle Land „Tyle", das vielleicht Island war. Es ist wahrscheinlich, daß Pytheas sogar bis zur Treibeisgrenze kam, denn in seinem Buch „Über das Weltmeer" berichtet er vom „geronnenen Meer". Sein Bericht war so bedeutend, daß sich damit alle Gelehrten des Altertums, wie Strabo, Diodor, Plinius, um nur einige zu nennen, beschäftigten. „Ultima Thule" ist ein Begriff, der in der griechischen und römischen Literatur auftaucht und sich möglicherweise sogar auf Island bezog. Denn es ist nicht ganz abwegig anzunehmen, daß vielleicht bereits die Römer auf Island waren. Zur Regierungszeit von Kaiser Maximianus am Ende des 3. Jahrhunderts stand die römische Flotte in Britannien am Gipfel ihrer Stärke. Zahlreiche römische Schiffe befuhren die Gewässer der Britischen Inseln. Dabei kann angenommen werden, daß einmal ein Schiff nordwärts verschlagen wurde. So betrachtet ist es eher unwahrscheinlich, daß kein römisches Schiff in die Gewässer um Island hätte gelangen sollen. Man hat römische Münzen aus jenem 3. Jahrhundert auf Island in einer Wikingerruine gefunden. Die Wikingerzeit war jedoch im 3. Jahrhundert noch lange nicht angebrochen, und es ist möglich, daß die Münzen von ihnen viel später auf die Insel gebracht wurden. Es bleibt aber noch ein weiterer Fund, der nachdenklich stimmen muß: In der Nähe von Húsavik nämlich, im Norden Islands, stieß man bei Wegarbeiten im Jahr 1958 auf die Knochen eines Schafes. Das Alter der Knochen wurde auf 1700 Jahre geschätzt – also ist das Schaf in der Zeit nach Island gelangt, in der zahlreiche römische Schiffe die nördlichen Meere befuhren.

Wieder schimmert aus dem Nebel, der Islands Vergangenheit verhüllt, schemenhaft ein anderes Bild heraus: die Nordfahrt von Bischof Brendan, irgendwann vor dem Jahr 577. Es ist als sicher anzusehen, daß Iren schon um die Mitte des 6. Jahrhunderts Fahrten mit Fellbooten zwischen ihrer Heimat, der schottischen Küste, den Hebriden und den Orkney-Inseln unternahmen. So ist es leicht vorstellbar, daß die See solche Boote zu den Färöer-Inseln und weiter trug. Vom heiligen Brendan wird überliefert, daß er im Norden einen Berg gesehen hätte, der „wie ein Scheiterhaufen" brannte. Dies weist wohl eindeutig auf vulkanische Tätigkeit hin. Eine solche aber ist nördlich von Irland nur auf Island oder dem noch weiter nördlich liegenden Jan Mayen zu finden. Brendans Berichte scheinen reichlich übertrieben und märchenhaft ausgeschmückt. Dennoch enthalten sie doch ortsbezogene Hinweise, von denen man ableiten kann, daß Island etwa 300 Jahre vor den Wikingern von irischen Mönchen entdeckt wurde und zeitweilig auch von ihnen bewohnt war. Es gibt in alten isländischen Quellen Hinweise auf irische Eremiten, und weiters weist eine Reihe von alten Ortsnamen keltisch-irischen Ursprungs auf die einstige Anwesenheit der Iren auf Island lange vor den Wikingern hin. Mit der Ankunft der Wikinger verließen die irischen Mönche die Insel. Dennoch lebten auch zugleich mit den Wikingern Iren auf Island, denn die Wikinger führten immer wieder Raubzüge nach Irland, um Sklaven zu erbeuten.

Die frühe Anwesenheit irischer Mönche auf Island kann man dem Werk des Diculilius entnehmen, der in der „Erdbeschreibung" über die Erlebnisse einiger Mönche auf „Thule" im Sommer des Jahres 795 berichtet. Das Hervorstechendste dieser Schrift war der Bericht über die hellen Sommernächte. Sehr anschaulich berichtet Diculilius für den Menschen des 8. Jahrhunderts von den Nächten, die so hell seien, „daß man sogar das Hemd nach Läusen absuchen konnte".

Die Wikinger kommen!

Am Ende des 6. Jahrhunderts wandelte sich die Bevölkerung Skandinaviens zu Seefahrern. Die Wikinger oder Normannen entwickelten die besten Boote ihrer Zeit, die noch jahrhundertelang nicht übertroffen werden sollten! Das Segelkielboot, aus dem eine lange Reihe von Rudern zu beiden Seiten hinter den Schildern hervorragte, wurde zu einem Wahrzeichen für dieses Volk. Bald war es dann auch so weit, daß die Drachenköpfe an Bug und Heck alle Menschen in Angst und Schrecken versetzten, wo immer sie auftauchten.

Im Jahr 793 überfielen und plünderten die Wikinger das Kloster Lindisfarne an der Südostküste Schottlands. Es war das Ereignis, das als der Beginn der Wikingerzeit angesehen wird.

Unglaublich schnell durchpflügte der Kiel eines Wikingerschiffes die Meere. Die Boote entwickelten eine Geschwindigkeit von 10 und 11 Knoten! Die berühmte „Santa Maria", mit der Kolumbus Amerika entdeckte, durchpflügte den Atlantik mit mageren 6,5 Knoten. Der Dampfer „Britannia", der im Jahr 1840 erstmals das Blaue Band für die schnellste Atlantiküberquerung erhielt, dampfte Amerika auch nur mit 8,5 Knoten entgegen. Die fabelhafte Geschwindigkeit der Wikingerschiffe wurde so lange angezweifelt, bis im Jahr 1893 der Norweger Magnus Andersen mit einem nachgebauten Wikingerschiff die Seetüchtigkeit und die hohe Geschwindigkeit bewies. Zur Seetüchtigkeit und Geschwindigkeit ihrer Boote benötigten die Wikinger auch noch eine Navigationshilfe für ihre Fernfahrten. Das war der „leidarsteinn", der Leitstein. Man weiß nicht, ab welchem Zeitpunkt sich die kühnen Seefahrer dieses Hilfsmittels bedienen konnten, jedenfalls muß es schon sehr früh gewesen sein. Der Leitstein, auch Sonnenstein genannt, war vermutlich ein Cordierit-Kristall, der im durchscheinenden Licht eine gelbliche Farbe annimmt, bei Drehung in die Sonnenrichtung aber in eine bläuliche Tönung wechselt, und das auch dann noch, wenn die Sonne hinter Wolken verborgen ist oder gar schon unter dem Horizont steht!

Mit Beginn der Wikingerzeit war kaum eine Hafenstadt, eine Küste in der Reichweite ihrer Boote sicher. Im fulminanten Auftakt dieser Epoche überfielen, plünderten und zerstörten diese Haudegen aus dem Norden Städte wie Hamburg und Köln. Sie belagerten Paris! Die Wikinger tauchten sogar vor Marokko auf. Cádiz und Sevilla in Spanien oder Pisa in Italien waren Städte, vor denen die Drachenköpfe ihrer Schiffe erschienen. Die Waräger, der schwedische Wikingerstamm, schleppten ihre Boote über die kontinentale Wasserscheide des russischen Landrückens, um auf der anderen Seite südlichen Flüssen zu folgen, die sie in das Schwarze Meer trugen. 886 lagen ihre Schiffe vor Konstantinopel. Rußland ist aus einer Gründung des Waräger-Fürsten Rurik hervorgegangen, der im Jahr 862 Gardarika dort gründete, wo heute – nicht weit von St. Petersburg – Nowgorod liegt.

Die Wikingerfahrten gipfelten – in einem weiten Vorgriff der chronologischen Ereignisse – in der Entdeckung Amerikas rund 500 Jahre vor Kolumbus durch Leifur Eiriksson. Den Handelsfahrern und Eroberern, die mit ihren Schiffen eine solche Reichweite besaßen, war Island zum Greifen nahe gerückt.

Die Besiedlung

Um das Jahr 860 erreichte die erste konkrete Kunde von der Existenz Islands die Menschen in Skandinavien. Es waren die beiden Wikinger Naddodur und Gardar Svavarsson, deren Schiffe vom Sturm zum bis dahin unbekannten Eiland verschlagen wurden. Damit erhielt auch das spätere Island seine ersten Namen: Naddodur nannte es „Snaeland" – Schneeland –, und der zweite gab der Insel seinen eigenen Namen – „Gardarshólmur", was mit „Insel des Gardar" zu übersetzen ist. Gardar Svavarsson umsegelte erstmals ganz Island, und die Berichte, die nun in Norwegen die Runde machten, brachten weitere Wikinger auf den Plan. Zunächst segelte Flóki Vilgerdarson nach Norden. Er wollte im Nordwesten Islands siedeln. Doch die Natur war scheinbar doch zu rauh, und er kehrte wieder in die Heimat zurück. Durch ihn erhielt die Insel ihren bleibenden Namen: „Island" – Eisland.

Die Berichte der Heimgekehrten waren wohl maßlos übertrieben. So erzählte ein Knecht aus Flókis Mannschaft, daß die Wiesen auf Island so saftig seien, „daß von jedem Grashalm Butter triefe ..." Die Fischgründe waren ebenfalls ausgezeichnet, die Männer sammelten einen großen Vorrat. Doch darüber hatten sie vergessen, das buttertriefende Gras zu ernten, und im ersten Winter verhungerte das gesamte Vieh. Alle noch so verlockenden Schilderungen hätten sicherlich nicht ausgereicht, um jene Auswanderungswelle aus Norwegen in Richtung Island in Gang zu setzen, die ein bedeutsames innenpolitisches Ereignis bewirkte.

Das karge Island wurde zur Trutzburg der Freiheitsliebe! Denn es war Freiheitsliebe, die viele bewog, das Land der herrlichen Wälder, der Fjorde, der sattgrünen Wiesen und großen Höfe zu verlassen, um sich auf Island zwischen Lavawüsten und Gletschern festzukrallen. Die Freiheit hatten die an Unabhängigkeit gewöhnten Norweger durch Haraldur, den Gründer des ersten norwegischen Gesamtreiches, verloren. Vor ihm existierten in Norwegen 30 Kleinkönigreiche. Die Häuptlinge und die vielen Edelbauern mußten für ihr Oberhaupt keine Dienste leisten und kannten keine Abgabepflichten. Sie lebten in uneingeschränkter Freiheit. In Friedenszeiten zeigte sich die Macht der Herrscher lediglich darin, daß sie bei den Opferungen zu Ehren der Götter und bei Volksversammlungen den Vorsitz führten. Als nun Haraldur aus Südnorwegen auftrat, begann sich die Situation schnell zu verändern. Er schwor - so die Legende - der ehrgeizigen Jungfrau, um die er warb, nicht eher sein Haar kämmen oder schneiden zu wollen, ehe ganz Norwegen unter seiner Macht stünde. Es dauerte nur zwölf Jahre, bis Haraldur die Unabhängigkeit aller norwegischen Kleinreiche gebrochen hatte und mit der letzten Schlacht im Jahr 872 im heutigen Hafursfjord bei Stavanger die unangefochtene Herrschaft über ganz Norwegen antrat. Nun ließ er sich die Haare schneiden und wurde Haraldur hárfagri - Haraldur Schönhaar - genannt.

Mit dem Verlust der Unabhängigkeit wurden den Edlen Norwegens hohe Steuern auferlegt, und eine Zeit nie gekannter Unfreiheit begann. Damit setzte die Auswanderung vieler Norweger nach Nordschweden, zu den Shetland- und den Färöer-Inseln ein. Vor allem aber begann auch der Zuzug nach Island und damit die Zeit der Landnahme. Gehöft um Gehöft entstand.

Kaum ein anderes Volk ist in der Lage, den Beginn seiner Geschichte so präzise nachzuvollziehen wie die Isländer. Verantwortlich dafür ist ein in der Literatur einzigartiges Werk, das „Jslendingabók" - das Buch der Besiedlung und Geschlechtergeschichte Islands. In diesem Werk, ursprünglich auf Tierhäuten geschrieben, wird die Siedlungsgeschichte festgehalten. Ingólfur Arnarson wird allgemein als der erste dauerhafte Siedler auf Island angesehen. 870 oder 874 gelangte Ingólfur an die Südküste. Um einen göttlichen Hinweis für den richtigen Siedlungsplatz zu erhalten, warf er vor der Landung die geschnitzten Säulen seines Hochsitzes aus seinem heimatlichen Gehöft am Sogne Fjord ins Meer und ließ sie ans Ufer treiben. Doch erst im darauffolgenden Jahr fanden seine Sklaven die Säulen in einer Bucht, an deren Strand Dampfschwaden aufstiegen. Dort baute er sein endgültiges Gehöft und nannte es „Reykjavik" - Rauchbucht.

Ein Gehöft am Ufer einer Bucht, über die Dampfschwaden wehen, ein Wikingerboot am Ufer, ein paar Menschen, Pferde und Schafe - ein geradezu rührender Gedanke, wenn man an die boomende, geschäftige Hauptstadt Islands denkt, die sich in Ingólfurs Bucht entwickelte und heute mehr als die Hälfte der 254.000 Isländer beherbergt.

Nach Ingólfur Arnarson kamen drei weitere Sippen aus Norwegen an und ließen sich an Islands Küsten nieder. Von diesen vier mächtigen Sippen wurde etwa ein Drittel des gesamten Landes beansprucht. Es schien, als würde sich wie in der alten Heimat Norwegen die Herrschaftsform der Oligarchie ausbreiten. Doch in rascher Folge kamen immer mehr Siedler an und vollzogen das alte norwegische Gesetz, daß unbewirtschafteter Boden Allgemeingut ist. So schränkten die Neuankömmlinge den Landbesitz der Erstsiedler stetig ein. Dennoch muß diese Landnahme weitestgehend reibungslos vor sich gegangen sein, denn die alten historischen Quellen berichten kaum von Streitigkeiten. Man versuchte allmählich, die Landnahme gesetzlich zu regeln, indem die Forderung in Kraft trat, „nur soviel Land zu nehmen, wie man an einem Tag mit Feuer umfahren", das heißt mit einer brennenden Fackel umreiten, konnte.

Die vielen neu entstandenen Höfe verringerten nicht nur die Landfläche der Erstsiedler, sondern minderten auch deren Einfluß. So entstanden die Voraussetzungen für die Entstehung eines isländischen Staates ohne eine herrschende Oberschicht. Mit welcher Geschwindigkeit sich die Besiedlung Islands vollzog, geht allein schon aus der Tatsache hervor, daß die Periode der Landnahme bereits mit dem Jahr 930 als abgeschlossen angesehen wird - nur 60 Jahre nach Ingólfurs denkwürdiger Landung in der „Reykjavik".

Da in Island durch die Bodenverhältnisse der Siedlungsraum vor allem im Küstenbereich liegt und das wüstenhafte Innere der Insel bis zum heutigen Tage unbewohnbar ist, war zunächst alles bewohnbare Land vergeben. Am Ende der Landnahme lebten etwa 20.000 bis 30.000 Menschen auf Island. Nach und nach wurde es notwendig, die Siedlungen an die Grenze der bewohnbaren und vor allem weidefähigen Gebiete, an den Rand des unbewohnbaren Hochlandes, fjordeinwärts und in die Talschlüsse auszuweiten. Dort aber wurde der Mensch durch die Bodenvernichtung - Bodenerosion, ausgelöst durch Abholzung und Viehverbiß - wieder zurückgedrängt. Dem aufmerksamen Reisenden wird auf Island auffallen, wie viele Gehöfte es gibt, deren umliegende Gründe keine Existenzmöglichkeit mehr bieten. Der menschliche Eingriff in eine so fragile Natur hat zerstörende Kräfte zur Entfaltung gebracht, denen man auch mit großangelegten Wiederaufforstungen nicht mehr Herr werden kann.

Das Ende der Landnahmezeit war gekennzeichnet durch ein allmähliches Verebben des Zuzuges und die notwendig gewordene soziale Ordnung, die das Zusammenleben der Menschen regelte.

Der Isländer wird geboren

Es entwickelten sich jährlich abgehaltene regionale Volksversammlungen, in denen das Zusammenleben in auf die regionalen Bedürfnisse abgestimmten Gesetzen geordnet wurde. Aus diesen Anfängen entstanden zwangsläufig das Bedürfnis und die praktische Notwendigkeit, überregional gültige Gesetze zu schaffen. Im Volk wuchs das Bewußtsein, daß man eine Gemeinschaft bildete, in einem eigenen Land. Aus Wikingern aus verschiedenen Teilen Skandinaviens, aus Iren und Kelten waren Isländer geworden. Im Sommer des Jahres 930 versammelte man sich zum erstenmal an einem zentralen Punkt der Insel, in der lieblichen Ebene Thingvellir, nahe dem Ufer des Thingvallavatn, Islands größtem See. Aus allen Gebieten waren die Abgesandten zusammengekommen. Ein denkwürdiges Ereignis, denn diese erste gesetzgebende Volksversammlung, das erste Althing, kann man als die Gründung des Staates Island ansehen!

Die beiden Brüder Úlfljótur und Grimur Geitskór hatten das erste Althing organisiert und auch bewerkstelligt, so daß es von nun an in jedem Jahr stattfand. Gesetze wurden entwickelt, die noch auf der Grundlage norwegischer Gesetze basierten, doch es war isländisches Gesetz, es galt nur auf der Insel! Úlfljótur verkündete das erste Gesetz vom Gesetzesfelsen, dem Lögberg. Heute weht dort oben die isländische Fahne, und eine kleine Tribüne ist errichtet, um den Touristen zum Verweilen an diesem so bedeutenden historischen Punkt einzuladen. Der Gesetzessprecher war auch der Vorsitzende der Versammlung und wurde auf drei Jahre gewählt.

Während der ersten Jahrzehnte der Zusammenkünfte auf dem Thingvellir – der „Versammlungsebene" – wurden die Gesetze nur mündlich weitergegeben. Der Gesetzessprecher mußte sie auswendig vortragen können.

Der Anfang des Staates Island war zunächst durchaus nicht demokratisch, sondern eher aristokratisch. 39 Goden verkörperten die Macht im Staat. Ein Gode war ein lokaler Häuptling und Tempelbesitzer. Im Tempel hatte der Gode Erde aus der Urheimat Norwegen ausgebreitet, und die Tempelbesucher opferten den Göttern. Dies trug nicht unerheblich zur wirtschaftlichen Besserstellung der Goden gegenüber der übrigen Bevölkerung bei.

Zum alljährlichen Treffen am Thingvellir nahmen viele eine mühselige Anreise auf sich. Die Abgesandten aus dem Norden beispielsweise ritten durch die gefährlichen Inlandwüsten, durch den Sprengisandur oder die Kjölur. Das waren gefahrvolle Strecken von mehreren hundert Kilometern. Aber man kam nicht nur, um die Gesetze zu vernehmen. Mit dem Althing konnte man die Einsamkeit, die oft lange währende Isolation, durchbrechen. Das Althing war auch ein Volksfest. Man traf andere Menschen, Heiraten wurden gestiftet, und man konnte Handel treiben mit dem, was man selbst zu bieten hatte, oder Waren erstehen, die aus fernen Ländern eingeführt wurden. Der beliebte Ringkampf, der Glima, fand statt, und man konnte seine Kräfte messen. Es wurde aber auch Gericht gehalten mit oft schaurigen Urteilen.

Der Erste Freistaat – glückliche Zeiten

Vier Jahre nach der ersten Zusammenkunft am Thingvellir und der Gründung des Staates barst vermutlich der Boden Südislands, und es öffnete sich die größte Vulkanspalte der Erde, die Eldgjá. Es war aber trotz der Größe des vulkanischen Geschehens wahrscheinlich keine Katastrophe für die Bewohner, denn es finden sich keine Hinweise darauf in den Quellen aus jener Zeit. Das Leben der Menschen entwickelte sich nun friedlich in Island, und allgemein sieht man die Periode nach der Staatsgründung als eine glückliche und prosperierende Epoche. In der Chronologie der isländischen Geschichte wird jene gute Zeit, sie wird auch das „Goldene Zeitalter" genannt, als der Erste Freistaat bezeichnet, was wohl impliziert, daß dieser einmal zu Ende gehen muß, um einem zweiten Platz zu machen. Soweit war es in jenen Jahren noch lange nicht, doch brauten sich Wolken künftiger Gewitter fern von Island bereits zusammen.

Je besser sich das junge, unabhängige Island entwickelte, desto mehr Unbehagen bereitete dies dem norwegischen Königshaus. Dort war man schon in der Zeit der Landnahme davon ausgegangen, daß ein Herrschaftsanspruch seitens des Königs über die ausgewanderten Landsleute bestand. Island unterhielt enge Handelsbeziehungen mit der alten Heimat und war auf verschiedene Importe, so z. B. Nutzholz, angewiesen. Hier lag die Verwundbarkeit, die von Norwegen noch genützt werden sollte, um seinen Einfluß zur Geltung zu bringen.

Am Althing des Jahres 1000 wurde das Christentum zur Staatsreligion erklärt, was von einem Teil der Bevölkerung nicht ohne heftigen Widerstand hingenommen wurde. Es war eines dieser Ereignisse, die den Isländern von Norwegen aufgezwungen wurden – mit dem realpolitischen Hintergrund, das Volk Islands in Uneinigkeit zu stürzen. Zur Durchsetzung dieses Planes wurde auch zum erstenmal das sicher wirkende Mittel eines Handelsembargos angewandt. Die Rechnung ging auf, die neue Religion erzeugte einen tiefen Riß im isländischen Volk: hier die Christen und da die treuen Anhänger der germanischen Götterreligion. Beinahe wäre es noch auf der Thingstätte selbst zum Kampf gekommen.

Der Unfriede, der damit in das Volk getragen wurde, konnte aber andererseits die auch vorhandenen positiven Auswirkungen der neuen Religion nicht verhindern. In den Klöstern und Bistümern entwickelten sich Kulturzentren, wie sie Island zuvor nicht einmal ansatzweise gekannt hatte. Das Schrifttum und die lateinische Sprache wurden eingeführt. Während in den anderen europäischen Ländern die meisten Menschen Analphabeten waren, lernten die Isländer Lesen und Schreiben. Einmalig für die damalige Zeit daran war, daß nicht nur eine kleine, gebildete Oberschicht von dieser neuen Bildungsmöglichkeit erfaßt wurde, Lesen und Schreiben lernte auch der einfache Bauer!

300 Jahre lang waren besondere Ereignisse, beginnend mit den ersten Landnahmen, von Generation zu Generation weitererzählt worden. Nun, mit diesem Aufbruch in ein literarisches Zeitalter, das ein im Vergleich zum restlichen Europa unvergleichliches Ausmaß annahm, entstanden die bedeutenden Chroniken. Das Zeitalter der Sagas und Eddas war angebrochen, letztere sind Niederschriften von Götter- und Heldenliedern.

In einem Bauernhof bei Hella im Süden Islands befand sich die Schule Oddi, die eine Reihe von bedeutenden Schriftstellern hervorbrachte, so auch den Geistlichen Sämundur Sigfusson, der als der Vater der isländischen Literatur bezeichnet wird. Ári Thorgilsson, der zwischen 1067 und 1148 lebte, war der erste, der in isländischer Sprache schrieb. Auf ihn geht das bereits erwähnte „Jslendingabók" zurück, das Isländerbuch, das die Landnahme bis zum Jahr 1118 beschreibt. Damit schuf er die Voraussetzung für das bedeutendste Werk der isländischen Geschichtsliteratur, das „Landnámabók" – das Landnehmerbuch. In diesem Werk findet sich nicht nur die Chronik der Besiedlung, sondern auch eine Beschreibung über die Kultur und den Glauben der damaligen Zeit.

In der Geschichtsbetrachtung Islands im 13. Jahrhundert stößt man nun auf eine eigenartige Diskrepanz: Die Kultur blüht wie nie zuvor, und die gesellschaftliche Struktur wird von gefährlichen Zerfallserscheinungen ergriffen – mächtig geschürt vom norwegischen König. Einzelne Stammesfürsten entwickelten starke Machtgelüste, die letztlich auf eine Herrschaft über ganz Island abzielten. Dies waren die tieferen Ursachen, die Island schließlich in Unfreiheit und Not führen sollten. Im Jahr 1244 kam es sogar zur Schlacht zwischen den zwei Häuptlingen Thórdur Kakali und Kolbeinn Arnosson. Der Kampf fand im Hunafloi statt, und 110 Tote blieben auf dem Schlachtfeld. Nicht vorher und nicht nachher hat es je in der isländischen Geschichte eine ähnliche Zahl an Gefallenen bei kriegerischen Auseinandersetzungen gegeben! Norwegens König war seinem Ziel nahe gekommen. Tatsächlich bewirkten die Auseinandersetzungen des 13. Jahrhunderts letztlich den Verlust der Freiheit. Norwegen ernannte Gissur Thorvaldsson zum königlichen Verwalter, der auf dem Althing des Jahres 1262 auch die letzten Häuptlinge zur Anerkennung der norwegischen Krone und der Steuerpflichtigkeit an den König von Norwegen brachte. Die Unfreiheit, die ihre Vorfahren einst zur Auswanderung aus Norwegen bewogen hatte, holte sie wieder ein. Das Ende des Ersten Freistaates war gekommen.

Westwärts

Eine Betrachtung der Geschichte und der Entwicklung Islands führt zwangsläufig zu einem bedeutsamen Ereignis: Die Fahrt von Erich dem Roten nach Westen, die zur Entdeckung Grönlands führte. Spätestens nachdem um das Jahr 920 Gunnbjörn Ulfsson so weit in westlicher Richtung abgetrieben worden war, daß er Berge im Westen sehen konnte, wußte man auf Island, daß es hinter dem westlichen Horizont neues Land gibt.

Zu sehr aber war man mit Island selbst beschäftigt – die Landnahme war noch in vollem Gange –, als daß man Sinn und Zeit gehabt hätte, unbekannten Ländern im Westen nachzuspüren.

Im Jahr 982 wurde am Althing auf dem Thingvellir Erich der Rote wegen Totschlages für drei Jahre für friedlos erklärt. Das war eine harte Strafe. Um mit dem Leben davonzukommen, brauchte es rasches und entschlossenes Handeln. Die Ächtung, die über Erich den Roten ausgesprochen wurde, bedeutete, daß ihn niemand beherbergen, ihm weder Nahrung verabreichen oder ihm sonst irgendwie Hilfe leisten durfte. Jedermann konnte ihn töten, ohne eine Strafe befürchten zu müssen. Keinem Fährmann war es erlaubt, ihn über Flüsse überzusetzen, was damals eine dramatische Einschränkung der Beweglichkeit bedeutete, die zwangsläufig bald zur Gefangennahme des Vogelfreien durch seine Feinde führen mußte.

Heimlich und schnell rüsteten ihn seine Freunde noch im gleichen Sommer mit einem Schiff und einer Mannschaft aus. Die Fahrt begann im Breidafjördur – nahe der Westspitze Islands – westwärts. Von dieser Stelle aus ist Grönland nur wenige hundert Kilometer entfernt, aber für ein Wikingerschiff unerreichbar, denn der grönländischen Ostküste ist ein breiter Treibeisgürtel vorgelagert. Aber das Boot Erichs des Roten wurde vom Ostgrönlandstrom erfaßt und an Grönland vorbei in den Süden getragen. Er umschiffte dann die Südspitze der Rieseninsel – Kap Farvell – und gelangte an die Westküste. Dort gibt es kein flächendeckendes Treibeis wie im Osten, sondern nur einzelne riesige Eisberge. Die Isländer segelten nun nordwärts an Grönlands Südwestküste entlang, und bald öffnete sich ein großer Fjord, der heute den Namen „Eiriksfjord" trägt. Nahe dem Ende des Fjords erbaute Erich der Rote sein Gehöft Brattahlid. Als ich einmal auf dem Gipfel des 1400 Meter hohen Qarajugtoq stand und auf den Siedlungsplatz von Erich dem Roten hinunterschaute, stellte ich mir auf dem im nächtlichen Licht glänzenden, von Eisbergen übersäten Fjord ein Wikingerschiff vor, das tastend und suchend in die Tiefe des Riesenfjords eindrang. Erich der Rote und seine Begleiter mußten in heller Begeisterung gesegelt sein, denn nirgendwo auf ihrer Heimatinsel Island konnten sie je einen Flecken Land gesehen haben, der so geschützt, so grün und so lebensfreundlich war wie das Ufer dieses Fjords.

Nachdem Erich der Rote von diesem Fjord und den benachbarten Landschaften Besitz ergriffen hatte und erste Gehöfte entstanden waren, unternahm er nach Ende seiner dreijährigen Ächtung eine Fahrt nach Island und warb für seine Neuentdeckung. Die Insel, die zu mehr als 90 Prozent mit Eis bedeckt ist, nannte er „Grönland" – Grünland. Auf Island war das „gute" Land besetzt, Neuankömmlinge hatten es schon sehr schwer, noch bewohnbares Land zu finden. So folgten ihm viele in eine neue Heimat im fernen Westen. Im Jahr 985 oder 986 segelte Erich der Rote mit 24 Schiffen und mehr als 600 Isländern nach seinem „Grünland". Doch es sollten nur 14 Schiffe ankommen. Der Rest ging in Sturm und Eis zugrunde. Nach und nach wurden zwei Bereiche der Westküste besiedelt. Einmal das Gebiet um das heutige Julianehaab im Südwesten und dann, viel weiter im Norden, der Distrikt um das heutige Godthaab, der Westerbyged, wie man die Ansiedlung damals nannte. In jener Zeit muß das Klima günstiger gewesen sein, als es heute in Grönland vorherrscht. Denn man ist sich darin einig, daß es heute nicht möglich wäre, Viehzucht in dem Umfang zu betreiben, wie es die Isländer auf Grönland im 11. und 12. Jahrhundert machten. Als im Jahr 1389 die Seefahrerbrüder Nikolo und Antonio Zeno aus Venedig nach Grönland kamen, existierten ihren Angaben nach in den zwei Distrikten nicht weniger als 280 Höfe, zwei Siedlungen von stadtartiger Anlage und Größe mit einer Kathedrale und 15 Kirchen. Hinzu kamen noch drei Klöster, und in Garda, dem heutigen Igalico, residierte ein Bischof, der von Norwegen herübergesandt worden war. Die beiden Venezianer berichteten vom Kloster des heiligen Thomas, dessen Zellen mit heißem Wasser beheizt wurden, das aus Quellen floß, an denen die Mönche auch ihre Speisen kochten. Heute noch liegen an den Thermen von Unartok die Ruinen des Klosters.

Leifur Eiriksson, ein Sohn Erichs des Roten, unternahm eine Reise nach Norwegen und brachte von dort das Christentum nach Grönland mit. Er selbst taufte seine Landsleute. Nur sein Vater ließ sich nicht bekehren. Erich der Rote blieb den germanischen Göttern Odin und Thor bis an sein Lebensende treu. Seine Gemahlin jedoch, Pjodhildur, nahm die neue Lehre an und erbaute eine Kirche in Brattahlid, die wohl die erste Kirche in der westlichen Hemisphäre war. Im Heimatland Island hingegen faßte das Christentum erst im Jahr 1000 Fuß.

Um das Jahr 1000 setzte Leifur Eiriksson eine geschichtliche Tat ersten Ranges: Er segelte von Grönland weiter westwärts. Vielleicht hatte sogar schon sein Vater die Davis-Straße – das Meer zwischen Baffin Island und Grönland – überquert, wofür es gewisse Hinweise gibt. Sicher aber hatte – wie die Erforschung der „Graenlendinga saga" ergab – ein anderer Wikinger, Bjarni Herjúflsson, zuvor schon im Westen Land gesehen, das er aber nicht betrat.

Der verwegene Sohn eines verwegenen Vaters, Leifur Eiriksson, aber ist mit Sicherheit der erste Europäer, der die Küsten Amerikas erreichte – ein halbes Jahrtausend vor Kolumbus! Doch die großen Entdeckungen – jene Amerikas und auch Grönlands – sollten für Jahrhunderte wieder in Vergessenheit geraten. Die in Grönland heimisch gewordenen Isländer erkundeten vor allem Grönlands Küsten selbst bis weit in den Norden an der Westküste und um das Kap Farvel – der Südspitze Grönlands – herum an der Ostküste. Man nimmt an, daß diese unternehmungslustigen Seefahrer sogar weit in den Norden an der Ostküste vordringen konnten. Von der See her blieb die Ostküste Grönlands für Wikingerschiffe durch die unüberwindliche Eisbarriere unerreichbar. Es gibt jedoch zwischen der Küste und dem Treibeisgürtel fast immer eisfreie Zonen, die sie, vom Südkap kommend, erreichen konnten.

An der Westküste fand man auf 72° 55′ eine Runeninschrift. 700 Jahre nach der Blütezeit der Isländerkolonie auf Grönland entdeckte man auf der Washington-Irving-Insel im Shnithsund, also im höchsten Norden Grönlands, ein hohes Steinmal, das von unbekannten Menschen dort errichtet worden war. Vielleicht ist es ein Beweis für das rastlose Suchen und Entdecken dieses Volkes, das aus den grünen Fjordtälern Norwegens über Island bis in die Neue Welt vordrang. Diesen kühnen Menschen ist auch eine solche Leistung zuzutrauen. Der Niedergang der Grönlandkolonie erfolgte so rasch wie der Aufstieg und ist bis zum heutigen Tag voll von Geheimnissen geblieben. Die Blütezeit währte vom 11. bis zum 13. Jahrhundert. In jenen Zeiten mochten etwa 4000 bis 6000 Menschen in den beiden Siedlungsgebieten gelebt haben. Zahlreich verkehrten die Schiffe zwischen Island, Norwegen und Grönland. In Gardar traf man sich im Sommer zum Althing. Volk und Kirche gediehen. Als Island im Jahr 1262 in raschen Schritten völlig unter die norwegische Oberhoheit fiel, versiegte der Strom der Schiffe nach Grönland. Die Siedlungen wurden mehr und mehr isoliert. Vielleicht gab es auch eine aus Europa eingeschleppte Pestepidemie unter den Normannen auf Grönland.

Aus den Sagen und Liedern der Eskimos geht hervor, daß es Kampf und Krieg mit den „Kaplonaken“ – den Weißen – gab. Der Zustrom der Eskimos aus den Gebieten der amerikanischen Arktis verstärkte sich. Die Siedler gerieten durch das Jägervolk immer mehr unter Druck. Zu allem Unglück verschlechterte sich vermutlich das Klima, allmählich wurde es still um die Kolonie auf Grönland. Das letzte Zeugnis von Isländern auf Grönland lieferte ein Schiff, das im Jahr 1406 mit vielen Isländern an Bord durch einen Sturm vom Kurs abkam und nach Grönland verschlagen wurde. An Bord befand sich auch ein Brautpaar, das dann im September 1408 in der Kirche von Hvalsey getraut wurde. Die Heiratsurkunde, die in Gardar ausgestellt wurde, und die Schilderungen der nach Island heimgekehrten Brautleute und ihres Gefolges sind die letzten Nachrichten von den Kolonisten auf Grönland.

Allmählich gerieten die grönländischen Siedlungen und die Insel Grönland überhaupt in Vergessenheit. Sie entschwanden dem Bewußtsein der Menschen, so daß die Rieseninsel einige Jahrhunderte auf ihre Neuentdeckung warten mußte. In den Gräbern, die man dann von den ausgestorbenen Nordmännern fand, lagen nicht die Hünen, die einst ausgezogen waren, sondern die durch Inzucht und Degeneration, durch Unterernährung und Rachitis gezeichneten Skelette von 1,50 Meter Größe.

Die Wikingerschiffe waren aus den Gewässern um Grönland verschwunden, die Routen weiter in den Westen total in Vergessenheit geraten. Es waren wieder – mit den Worten Lowes – „die gefährlichen Ränder der Welt, von Seltsamkeit, Mysterium und Romantik umhüllt“.

Der Leidensweg zur Republik Island!

Wie schon früher dargestellt, endeten mit dem Jahr 1262 die glücklichen Zeiten, war in jenem Jahr doch auf dem Althing das Ende des Ersten Freistaates besiegelt. Der Vertreter des norwegischen Königs, Gissur Thorvaldsson, nahm die letzten noch widerstrebenden Häuptlinge in die Pflicht. Was dies für das Volk bedeutete, sollte sehr bald und sehr schmerzlich fühlbar werden. Und doch war dies alles nur ein Vorgeschmack auf noch viel schlechtere Zeiten, die dann kommen würden, wenn Norwegen unter die Herrschaft von Dänemark fiel.

Die Nachkommen des stolzen Volkes der Wikinger besaßen bald keine seetüchtigen Schiffe mehr, Importe konnten nur noch die Norweger bringen, die damit das isländische Volk beliebiger Willkür auslieferten. Was die Isländer aber am meisten aufbrachte, war der Versuch König Haakons, sie in den norwegischen Wehrdienst zu zwingen. Denn dies hätte bedeutet, daß die Einberufenen Island verlassen müßten. Der Wehrdienst kam nie zustande, und es hat bis zum heutigen Tag nie einen isländischen Soldaten gegeben, auch nicht als Island ein NATO-Staat wurde.

1387 muß als das Jahr angesehen werden, in welchem Islands düsterste Zeit anbrach: Island fiel unter die dänische Herrschaft, aus der es nach langen Zeiten bitterer Not erst im Jahr 1904 entlassen werden sollte. Die größte Armut wurde durch das totale dänische Handelsmonopol herbeigeführt. Die Händler allein setzten die Preise fest. Isländische Waren wurden weit unter dem Wert gehandelt, Importgüter – oftmals verdorben – zu Wucherpreisen an die Inselbewohner verkauft. Dazu kamen durch Krankheiten und Naturgewalten weitere vernichtende Schläge für die Isländer. So starben in der ersten Hälfte des 14. Jahrhunderts in Südisland Tausende Menschen an den Pocken. Zwischen 1402 und 1404 verloren etwa 40.000 bis 50.000 Menschen ihr

Leben durch die eingeschleppte Pest – das waren zwei Drittel der damaligen Bevölkerung! Nicht genug des Elends plünderten algerische Seeräuber Island. Im Jahr 1627 verschleppten sie 110 Menschen aus den Ostfjorden und 242 von den Westmänner Inseln. Die Unglücklichen verschwanden auf den algerischen Sklavenmärkten. Nur zehn von ihnen gelang zehn Jahre später die Rückkehr in die Heimat.

Durch alle diese Umstände war das Volk wehrlos geworden gegen die Natur, in der es sich einmal so gut behaupten konnte. Strenge Winter forderten Tausende Tote. Das gesamte 17. Jahrhundert war in klimatischer Hinsicht besonders schlimm. Ungewöhnlich kalt waren viele Winter, die vom Volk mit Namen wie Prügelwinter und Qualwinter überliefert wurden. Berichte erzählen davon, daß Menschen Ratten aßen und am Strand nach Algen und Tang suchten.

Vom Anbeginn der Besiedlung aber waren vor allem die Vulkane immer als Bedrohung gegenwärtig. Und nun, da das Volk in die tiefste Not in seiner Geschichte gestürzt war, schlug diese permanente Gefahr erbarmungslos zu: 1783 öffnete sich die Laki-Spalte und brachte in den folgenden drei Jahren 20.000 Menschen den Tod. Das war fast ein Viertel der Bevölkerung, die das vorangegangene Grauen überlebt hatte. Die Verzweiflung war so groß, daß die Erwägung im Raum stand, die gesamte Bevölkerung Islands oder wenigstens einen Teil nach Dänemark umzusiedeln. Eine solche Idee jedoch konnten nur Behörden aufgegriffen haben, die sich mit dem Isländer im speziellen und mit dem menschlichen Beharrungswillen im allgemeinen zu wenig auseinandergesetzt hatten. Außerdem wäre umgesiedelten Isländern in den vom König vorgesehenen Gebieten, den Heiden Jütlands, dem unfruchtbarsten Teil Dänemarks, auch nur ein armseliges Dasein beschert gewesen. Es kam nicht dazu. Der weitaus richtigere Weg wurde eingeschlagen: Die Handelsbeschränkungen durch striktes dänisches Monopol wurden nach und nach gelockert und schließlich ganz aufgehoben. Die Isländer erzielten gute Preise für ihren Fisch, bald gab es ausreichend Waren auf der Insel, und das Volk erholte sich rasch. Die Bevölkerungszahl stieg sprunghaft an!

Das 19. Jahrhundert war geprägt vom Kampf der Isländer um ihre Unabhängigkeit. Die Niederlage Napoleons wirkte sich auch auf Island aus. Da Dänemark mit den Franzosen verbündet war, verlor es Norwegen an Schweden. Jedoch durfte Dänemark Grönland, die Färöer und Island behalten. Der Sturz Napoleons läutete das nahende Ende der Monarchie als die vorherrschende Regierungsform in Europa ein. Überall begannen sich die Völker zu erheben, um die Herrschaft der Monarchen zu brechen.

Stück für Stück gewann Island seine Unabhängigkeit wieder zurück. Natürlich blieben die Auswirkungen des Zweiten Weltkrieges in Island nicht unbedeutend. Als Prävention einer deutschen Landung auf Island gingen die Engländer 1940 in Island an Land. Wieder eine Fremdherrschaft? Die Isländer protestierten auf das heftigste. Es zeigte Wirkung, 1941 kamen die Amerikaner, die bis heute gern gesehene Gäste auf Island sind. Amerikanische Dollar kurbelten den isländischen Lebensstandard gewaltig in die Höhe.

Die Freiheit war nahe! Im Mai 1944 bewies eine Volksabstimmung mit 95 Prozent Ja-Stimmen, daß Islands Menschen in einer demokratischen Republik leben wollten. Am 17. Juni 1944 jubelten Zehntausende auf dem Thingvellir, der Urstätte isländischer Selbstbestimmung, dem ersten Präsidenten der neuen, unabhängigen Republik Island, Sveinn Björnsson, zu. 682 Jahre der Fremdherrschaft waren zu Ende gegangen.

Das Land

Die vulkanische Natur Islands ist allgegenwärtig. Nirgendwo von ausgedehnten Wäldern bedeckt, liegt Islands Boden blank und klar vor dem Auge des Beschauers. Aufgeschlagen wie ein Buch der Erdgeschichte, enthüllt Island seine Herkunft aus gewaltigen und immer wiederkehrenden vulkanischen Geschehnissen. An vielen Stellen der Insel ist das Landschaftsbild geprägt von ausgeglühten Lavaströmen, die im Laufe von Jahrhunderten von dicken, weichen Moospolstern bewachsen wurden. Eine tückische Landschaft, unbegehbar für Mensch und Tier. Eine der eindrucksvollsten davon ist das Eldhraun. An der Südküstenroute gelegen, führt die Straße 23 Kilometer weit durch ein solches erstarrtes, begrüntes Chaos. Es zeigt die größte in historischer Zeit ausgetretene Lavamasse.

Es war am 8. Juni 1783, als sich die Laki-Spalte öffnete und einst fruchtbares Land für immer verwüstete. Während des Ausbruchs predigte der Pfarrer Jón Steingrimsson zur kleinen Gemeinde verängstigter Menschen. Nach dem Gottesdienst war der Feuerstrom zum Erliegen gekommen. Für alle war es der unleugbare Beweis für die Kraft der Gebete. Die Folgen des Ausbruchs waren dennoch furchtbar, an den giftigen Gasen starben innerhalb der nächsten drei Jahre 20.000 Menschen.

In jüngerer Zeit, 1984, öffnete sich am Leirhnjúkur im Kraflagebiet eine Spalte und förderte eine riesige Menge Magma zutage. Für jeden Islandreisenden ein sehr anschauliches Beispiel für den Vulkanismus auf der Insel. Denn noch ist der Lavastrom schwarz und unbedeckt. Die dünne Lage erstarrten Magmas ist eine von Millionen, aus denen die Insel besteht.

Hinreißend schön sind die farbigen Solfatarengebiete, wie etwa Námaskard, in denen es wie in „Teufels Küche" zischt und brodelt. Hier hat die Erde noch keine feste Form erlangt, ist noch breiiges Werden, während die Säulenbasalte Islands den Inbegriff für die Ewigkeit darstellen.

Einst aus kilometertiefen Magmakammern emporgeschossen, ordneten sich im Erkalten diese Massen zu ebenso schönen wie rätselhaften Strukturen. Auf Island gibt es zauberhafte Beispiele davon. Etwa am Svartifoss oder im Hljódaklettar Nationalpark wie auch am tosenden Aldeyjarfoss im Norden – um nur einige Beispiele zu nennen.

Lavaströme, die ganze Täler füllen, ähneln den Gletschern, die von den Eisplateaus herunterzüngeln. Der Monarch der isländischen Gletscherwelt ist natürlich der Vatnajökull. Mit seiner Fläche von etwa 8400 Quadratkilometern umfaßt er in einem oft angewandten Vergleich die doppelte Fläche aller Alpengletscher zusammen. Darunter kann man sich aber nur sehr schwer etwas vorstellen, darum will ich zum Vergleich erwähnen, daß die Eisfläche des Vatnajökull nur geringfügig kleiner ist als die Insel Korsika!

Island war im Verlauf der Eiszeiten mehrmals völlig von Eis bedeckt, und damals wie heute lagen und liegen die Eismassen über schlummernden Vulkanen. Selbstverständlich führte dies immer wieder zu gewaltigen Naturereignissen, wenn unter Hunderten Metern von Gletschereis riesige rotglühende Magmamassen hervorschossen. Im Jahr 1918 ereignete sich ein solcher Ausbruch am Myrdalsjökull. In 1000 Meter Höhe brach unter Hunderten Metern von Eis die „Katla" – eine Hexe, wie die Legende weiß – plötzlich aus. Eine unvorstellbare Sintflut aus geschmolzenem Eis, Lava, Asche und Geröll schoß sekundenschnell in das Tal der Thorsmörk und raste mit einer Flutwelle von 70 Meter Höhe dem Meer entgegen. So viel Material wurde damals an die Küste geschwemmt, daß diese auf breiter Front um 500 Meter ins Meer hinausverschoben wurde. Die Katla kennt man auf Island seit Jahrhunderten. Mit ziemlicher Regelmäßigkeit brach sie in jedem Jahrhundert zweimal aus. Nun ist die Katla längst überfällig. Wann schlägt sie zu, oder ist sie endlich müde geworden?

Wenn auch auf dem Myrdalsjökull vorläufig trügerische Ruhe einkehrte, am Vatnajökull tobte im September 1996 das Inferno eines gewaltigen Ausbruches. Kilometerhohe Asche- und Dampfwolken stiegen auf, und zwei Monate später brach der Eisdamm eines riesigen Sees, der sich im Gletscher gebildet hatte. Mit den ungeheuerlichen Wassermassen trieben Hunderte hausgroße Eisbrocken daher und rasten an die Küste. Islands längste Straßenbrücke wurde wie ein Spielzeug davongeschwemmt.

Island wird immer wieder die Insel aus Feuer und Eis genannt. Ein arg strapaziertes Synonym, das aber doch das Wesen dieser Insel genau trifft.

Der Vulkanismus auf Island ist der Vulkanismus der Superlative. Die größte Vulkanspalte der Insel ist zugleich die größte der Welt: die Eldgjá. Ihre Ausmaße sind so gewaltig, daß Astronauten sie aus dem Weltall mit freiem Auge ausmachen konnten! Vielleicht aber warfen die Astronauten gerade deshalb ein besonderes Auge auf Island, weil sie zuvor in den mondähnlichen Lavawüsten der Insel die spätere Landung auf dem Mond geprobt hatten.

Wenn sich die Erdgeschichte wie ein aufgeschlagenes Buch präsentieren würde, dann wäre Island das jüngste Kapitel in diesem Buch. Die geologische Geschichte der Insel begann erst vor 20 Millionen Jahren.

Gemessen am Erdzeitalter von 5000 Millionen Jahren ist Island damit ein Infant. In der Tat, die Geburt der Insel dauert noch an! Island ist aus dem mittelatlantischen Rücken hervorgequollen. In unzählbaren Eruptionen über die Jahrmillionen erreichten die Lavamassen irgendwann einmal die Wasseroberfläche und türmten sich in tosendem Vulkangeschehen weiter bis zur heutigen höchsten Höhe von 2119 Metern, dem Eisgipfel des Hvannadalshnúkur, der über den Rand des Vatnajökull aufragt. Der mittelatlantische Rücken, das längste Gebirge unserer Erde – das noch nie ein Mensch gesehen hat –, erstreckt sich von der Antarktis bis zur Arktis und tritt nur an drei Stellen über die Oberfläche des Atlantiks hervor: in den Inseln der Azorengruppe, dem winzigen Jan Mayen und eben Island. Mit einer Fläche von 103.106 Quadratkilometern ist Island die größte unter den Inseln, die es aus dem Unterseegebirge über die Wasseroberfläche geschafft haben.

Alfred Wegener lieferte am Beginn des 20. Jahrhunderts mit seiner Kontinental-Verschiebungstheorie, die sich lange nach seinem Tod weiter bestätigen sollte, der Welt die Denkanstöße, die schließlich in faszinierenden Erkenntnissen gipfeln sollten. So etwa, daß riesige Platten die Kontinente tragen, die auf dem flüssigen Erdinneren schwimmen. Der mittelatlantische Rücken nun ist in weitem Verlauf die Nahtstelle – oder Trennlinie – zweier solcher Platten: der amerikanischen und der eurasischen. Wo diese Platten auseinandertriften, quillt Magma aus dem Erdinneren empor. Es breitet sich auf dem Ozeanboden aus und wächst höher und höher. Das ist der Kern der „Genesis" der größten Vulkaninsel unserer Erde – von Island.

An einigen Stellen auf Island ist diese Theorie „(be)greifbar". In der Almannagjá, der hartkantigen Basaltkluft, in der angeblich alle Männer Islands Platz fänden, triftet die amerikanische und die eurasische Platte auseinander. Messungen weisen auf ein bis zwei Zentimeter pro Jahr hin. Hier, an dieser Stelle Islands, kann man im wahrsten Sinne des Wortes mit einem Fuß in Amerika stehen und mit dem anderen in Europa.

Sanduren

Ein Blick auf die Landkarte Islands zeigt, daß dicht vor der Südküste die größten Gletscherfelder der Insel enden. Es sind dies der Vatnajökull und der Myrdalsjökull. Die immensen Wassermassen, die von diesen beiden Gletschergebieten dem Meer zustreben, und die der vielen anderen Flüsse, die von weiter im Landesinneren liegenden Gletschern – wie dem Hofsjökull – an die Küste kommen, schwemmen eine unvorstellbare Menge an vulkanischer Asche, zerriebener Lava, Kies und Sand an den Strand des Meeres. Zu diesen „regelmäßig" fließenden Flüssen kommen in kürzeren und längeren Abständen die Fluten der Gletscherläufe hinzu, die in kürzester Zeit solche Massen an Schwemmgut an die Küste verfrachten, für die die Flüsse Jahre brauchen. Als Gletscherlauf bezeichnet man jene Hochwasserfluten, die dann entstehen, wenn unter einem Gletscher ein Vulkanausbruch stattfindet, der gigantische Wassermassen aus dem geschmolzenen Eis freisetzt, die sich zusammen mit Asche, Geröll, Lava und Eisbrocken in die Ebene ergießen. Am Beispiel des 1918 erfolgten Ausbruchs unter dem Eis des Myrdalsjökull habe ich dieses Thema schon einmal berührt. Solcherart entstandenes Schwemmland hat der Südküste ihr Gepräge gegeben: Zwischen den Ausläufern der Berge und der oftmals fernen Meeresküste erstreckt sich eine dunkle Sandwüste. Die Isländer gaben diesen von zahllosen Flußarmen durchströmten Ebenen den Namen „Sandur". Als Sander ist das Wort in die geographische Fachsprache eingegangen. Wie sehr landschaftsgestaltend solche Vorgänge sind, kann man sich sehr anschaulich vergegenwärtigen, wenn man bedenkt, daß die ausgedehnten norddeutschen Ebenen durch die Gletscherflüsse der skandinavischen Inlandsvereisung während der letzten Eiszeit entstanden. Sicherlich, im Vergleich zu diesen Dimensionen ist auf Island alles „mini", aber die Entstehungsgeschichte ist ähnlich. Immerhin führt die Straße im Skeidarársandur 50 Kilometer durch eine schwarze Sandwüste, die von zahllosen Gletscherflüssen durchflossen ist, die dem 40 Kilometer breiten Gletscherende entströmen. Die vielen Flußarme suchen sich ständig, je nach Wassermenge, einen neuen Lauf. Entsprechend schwer war es, die Lücken in der Ringstraße rund um Island zu schließen. Sie blieben hier im Süden am längsten offen und konnten erst im Jahr 1974 – das Caterpillarzeitalter war längst angebrochen – geschlossen werden. Über den Hauptfluß, die Skeidará, wurde Islands längste Brücke gebaut, die eine Länge von 964 Metern hat. Aber wie oben erwähnt, wurde das meisterhafte Brückenwerk 1996 von einem großen Gletscherlauf weggespült und mußte neu gebaut werden.

Die flache Schwemmlandküste hat natürlich keine Buchten und dazu noch eine sehr starke Brandung. Entsprechend gefürchtet ist demnach die Küste auch bei den Seeleuten. Es hat schlimme Schiffstragödien gegeben, aber ein Unglück lebt in der Erinnerung der Isländer besonders weiter: 1903 strandete ein deutscher Fischkutter bei Ingolfshöfti. Und das passierte in einer grimmig kalten Januarnacht! Die gesamte Mannschaft, die aus zwölf Mann bestand, konnte sich zwar an das Ufer retten, aber hier lauerte erst recht der Tod auf sie. Sie standen am Ufer einer unbewohnbaren Sandwüste, in der ein paar Halme Strandroggen wuchsen, einige Moose und Flechten. Die Schiffbrüchigen waren, was sie noch nicht wußten, eingeschlossen zwischen unbezwingbaren, reißenden Flüssen. In welche Richtung entlang des Strandes sollten sie sich wenden, um Rettung zu finden? In der Ferne sahen sie in östlicher Richtung das Eismassiv des Öraefajökull. Dadurch entmutigt, wandten sie sich nach Westen. Wären sie aber doch nach Osten gegangen, hätte sie ein Tagesmarsch zu einem Gehöft und in Sicherheit gebracht. So wählten sie die falsche Richtung. Die Flüsse zwangen sie, zum Wrack zurückzukehren, um aus den Überresten ein Floß zu bauen, das sie fortan mühselig durch den Sandur schleiften. Man stelle sich diesen Elendszug vor! Jedenfalls zogen sich die Qualen elf Tage hin – für die Unglücklichen eine Ewigkeit. Dann erreichten sie das Gehöft Orustustadir. Drei Mann waren unterwegs an Erschöpfung gestorben, andere hatten so schwere Erfrierungen erlitten, daß sie Gliedmaßen verloren, aber sie waren wenigstens am Leben!

Dieses Unglück setzte Maßnahmen in Bewegung, die weitere solche Tragödien künftig verhinderten. Auf Initiative des damaligen deutschen Botschafters wurde die erste Rettungshütte am Strand errichtet, und entlang der Küste wurden Pfeile angebracht, die zeigen, in welche Richtung man sich wenden soll – das hätte damals die Seeleute gerettet. Heute ist ein dichtes Netz an Rettungshütten am Strand vorhanden. Sie sind mit allem Nötigen ausgerüstet, vor allem aber mit Telefon. Die Küste vor einem Sandur wird also weiterhin als sehr gefährlich eingestuft.

Wie rasant die Verlandung durch die Flüsse im Sandur vor sich geht, beweist ein anschauliches Beispiel: In jüngerer Zeit, 1982, suchte eine isländische Gruppe mit modernsten Geräten nach dem Wrack eines holländischen Segelschiffes, das 1667 vor dem Skeidarársandur mit einer Ladung gesunken war, in der sich auch Gold befand. Was man schließlich fand, war der oben erwähnte deutsche Fischkutter, der 1903 gesunken war. Das Schiff lag 120 Meter landeinwärts. In den letzten Jahrzehnten ist die Sandurküste 120 Meter in das Meer vorgestoßen!

Flora und Vegetation

Viele meiner Bilder in diesem Buch zeigen blühende Wiesen, mit Blumen bewachsene Lavastrukturen, und ich spreche in meinen Texten von „Island als blühendem Garten". Das entspringt sicherlich einer Empfindung, die den Islandfahrer immer wieder befallen wird. Vielleicht auch hat dieser Überschwang seine Ursache in der Kargheit vieler Gebiete Islands, in denen das Blühen als ein solch großes Wunder empfunden wird. Da, wo man in unseren Breiten einen ganzen Blumengarten übersehen könnte, kniet man in den Steinwüsten Islands vor einem winzigen Blümchen und ist voll der Wunder. Genauer hingesehen aber, schränkt sich die Blütenpracht dann doch arg ein. So hat man auf Island nur etwa 500 Arten verschiedener Blütenpflanzen festgestellt. Im Vergleich dazu gedeihen auf den nahen Britischen Inseln 2300 Arten von Blütenpflanzen. Als Ursache dieser bescheidenen Anzahl sieht man auch die isolierte Lage der Insel an und natürlich auch die harschen klimatischen Bedingungen. Daß sich auf der Insel am Polarkreis überhaupt eine solche – doch auch auffällige – Vegetation behaupten kann, ist vor allem den hellen Sommernächten zu verdanken. Der Astronom Karl Schwarzschild hatte ja schon festgestellt, daß „Zeit nicht gleich Intensität ist". Die Intensität der Bestrahlung der Pflanzen mit Licht durch 24 Stunden des Tages über mehrere Monate hindurch ist das tiefere Geheimnis allen Blühens in solch unwirtlichen Regionen. Manche Pflanzen reagieren auf die Intensität der Lichtbestrahlung besonders stark: Schierlingskraut wird am Polarkreis gut dreimal so hoch wie in unseren „gemäßigten" Zonen mit der Bestrahlungsunterbrechung in den finsteren Nächten. Oder man betrachte nur das Bild mit dem Echten Engelwurz auf den Seiten 32/33. Solcher Wuchs ist charakteristisch für die Regionen um den Polarkreis.

Zu den erwähnten Blütenpflanzen auf Island gesellen sich noch an die 1000 Arten verschiedener Moose und Flechten. Wer durch Islands Heidelandschaften wandert, wird begeistert sein von den reichlich vorhandenen Pilzen und Beeren. Ende Juli etwa gibt es massenweise den Birkenpilz (Bild Seite 65) und etwas später im Jahr reifen in diesen Landschaften Multebeeren, die jedem Tundrenwanderer Nordskandinaviens bestens vertraut sind. Dazu kann man auf Island auch reichlich Preiselbeeren und Blaubeeren pflücken. In dieser Zeit sind in den entsprechenden Gebieten Isländer – vor allem aus den Städten – unterwegs, um die wohlschmeckenden Früchte zu ernten. Damit schließen sie wieder an alte Traditionen an, denn früher einmal gehörte das Beerenpflücken zu den Überlebensstrategien auf der Insel.

Verschiedene Ortsnamen auf Island weisen auf eine Bewaldung hin, die man dort heute nicht mehr sehen kann. Das berühmteste Beispiel liefert vielleicht der viel besuchte Skógafoss – „skógur" heißt Wald. Ein anderes Wort für Wald, „mörk", findet sich vielfach in isländischen Flurnamen, obwohl man an diesen Orten keine Wälder findet. Die Schilderungen aus der Landnahmezeit berichten dezidiert vom Vorhandensein ausgedehnter Wälder. Es waren nicht die Wälder, die die Wikinger in ihrer skandinavischen Heimat zurückgelassen hatten, sondern es waren niedrige Buschwälder mit verkrüppelten Moorbirken und vielfach auch Ebereschen. Wer sich ein authentisches Bild von jener isländischen Urvegetation machen will, der muß im Skaftafell Nationalpark wandern. Dort sind unverfälschte Urwälder erhalten geblieben.

Zur Zeit der ersten Besiedlung und noch lange durch die Periode der Landnahme war Island etwa zu 40 Prozent bewaldet. Heute ist die Waldfläche auf ein bis zwei Prozent zurückgegangen. Die Siedler brauchten Holz zum Bauen und Heizen und Weideflächen für die Tiere. Ohne je an irgendeine Waldpflege zu denken, wurden Islands Wälder in wenigen Jahrhunderten so dezimiert, daß die Erosion unaufhaltsam das Werk vollenden konnte.

Hallormasstadaskógur ist der Ort, auf den viele Isländer stolz sind. Unweit der ostisländischen Stadt Egilsstadir, an den gletschergeschliffenen Basaltufern des idyllischen Sees Lagarfljót, liegen Islands ausgedehnteste und beste Wälder. Ursprünglich war die Landschaft mit den charakteristischen isländischen Urwäldern aus Moorbirken und Ebereschen bewachsen. Diese wurden bereits im Jahr 1899 unter Schutz gestellt. Um die Bestände vor dem Verbiß durch Schafe zu schützen, wurden sie eingezäunt. Stetig wurde das Schutzgebiet vergrößert und schließlich, 1907, vom Staat übernommen. Über die Jahrzehnte wurde der Schutzwald immer weiter vergrößert und er weist heute eine Fläche von mehr als 2000 Hektar auf. Aus Alaska wurden die Sitkafichten und Alaskapappeln eingeführt. Aus Sibirien importierte man die Sibirische Lärche – *Larix sibirica*. Alle diese Baumarten gedeihen hier bestens, ebenso Arten, die aus Kanada und Norwegen importiert und angepflanzt wurden. Die Baumschule, die man ebenfalls im Waldgebiet von Hallormasstadaskógur betreibt, lieferte bereits mehr als sechs Millionen Jungbäume in isländische Aufforstungsgebiete.

Vielen Isländern ist die Wiederaufforstung ein nationales Anliegen. Auch als ausländischer Gast wird man um eine Spende gebeten, mit der ein Baum gepflanzt werden kann. Jeder Isländer, der ein Ferienhaus besitzt, wird als erstes einen Zaun um sein Grundstück ziehen, um die Schafe auszusperren. Viele Bauern forsten rund um ihr Gehöft auf. Hinsichtlich einer Zurückeroberung verlorener Wälder ist das der berühmte Tropfen auf den heißen Stein. Islands Landschaften werden nie mehr so sein, wie sie die Wikinger einst vorfanden.

Fauna

Ehe der erste Mensch Island betrat und irgendein Haustier mit sich brachte oder seinem Schiff eine Ratte entkam – also die spätere „Islandfauna" sich zu formieren begann –, lebten auf der Insel eine Vielzahl an Seevögeln, an den Stränden unvorstellbare Mengen an Seehunden und Walrössern. Im Meer rund um Island tummelten sich zahlreiche Arten von Walen in großer Menge, so daß man sich schwerlich vorstellen konnte, diesen Vorrat zu erschöpfen. Es ist dennoch passiert. Der Walfang, der einst in Island eine herausragende Rolle spielte, wurde erst im Jahr 1989 eingestellt. Als einzige Landsäugetiere waren wohl nur der Polarfuchs vorhanden und vielleicht ein paar Eisbären. Diese kommen immer wieder auf die Insel – so wie auch der Polarfuchs einwanderte –, wenn hin und wieder in einem grimmigen Winter das Meer zwischen dem Treibeis vor Ostgrönland und Island zufriert.

Island, ein Land nordischen Ambientes, so dachte man, müßte auch für Rentierhaltung gut geeignet sein. Die Insel schon, aber die Menschen nicht. 1787 wurden 80 Rentiere aus Lappland gebracht. Die Tiere verwilderten und es leben heute etwa 3000 Stück in Gebieten nördlich des Vatnajökull. Neben den Seevögeln an der Küste leben im Inneren der Insel andere Vogelarten. Der berühmteste unter ihnen ist der Islandfalke, eine Unterart des Gerfalken, der nur auf Island vorkommt! Die isländischen Binnengewässer sind zwar nur durch fünf verschiedene ursprüngliche Fischarten belebt, diese aber bilden für Sportangler eine große Attraktion. Island besitzt erstklassige Forellen- und Lachsflüsse! Dies bestätigt sich wohl aus der Tatsache, daß gerade US-Amerikaner nach Island kommen, um für mehr als 1000 Dollar pro Tag diese Fische zu fangen! Auch der Saibling, Aal und Dreistacheliger Stichling sind in den Flüssen beheimatet.

Islands Fauna ist also vom Menschen, der einwanderte, geprägt worden. Nicht zuletzt begannen auch die Haustiere der Isländer das Bild der Insel zu verändern. Schon die ersten Siedler brachten vor 1100 Jahren Schafe, Hunde und vor allem das Pferd mit.

Das Schaf, das heute auf Island lebt, ist ein Nachkomme einer alten nordischen Rasse. Beiderlei Geschlechter sind Hornträger. Das Islandschaf lebt den ganzen Sommer hindurch in völliger Freiheit. Im Herbst, und das ist ein großes Ereignis, werden die Tiere zusammengetrieben, und etwa die Hälfte von ihnen wird geschlachtet. Das Schaf stellt für Island einen bedeutenden volkswirtschaftlichen Faktor dar. Zur Zeit besitzen Islands Bauern etwa eineinhalb Millionen Schafe.

Das Pferd, das wir heute auf Island sehen, ist das Pferd der Wikingerzeit, es ist das Pferd der Germanen, denn auf Island wird es nach wie vor rein gezüchtet. Bereits auf dem ersten Althing auf dem Thingvellir im Jahr 930 wurde es per Gesetz verboten, Pferde nach Island einzuführen. So ist das Pferd auf Island unverändert geblieben, es wurden ihm keine Eigenschaften an- oder abgezüchtet. Das Gesetz aus dem Jahr 930 gilt heute genauso wie damals. Ein Pferd, das einmal Island verläßt, für ein Turnier zum Beispiel, darf nie mehr nach Island zurück. Auch dem im Ausland gezüchteten Islandpferd ist der Weg in die Urheimat verwehrt. Das Islandpferd – und das war für den Isländer immer so wichtig – verfügt neben Trab, Galopp und Schritt mit dem Tölt über eine Art „Geländegang". Im Tölt sitzt der Reiter nahezu erschütterungsfrei im Sattel. Das Pferd setzt seine vier Beine nacheinander auf den Boden auf.

Noch eine weitere Eigenschaft besitzt das Islandpferd, die unentbehrlich im alten Island war: seine besondere Schwimmfähigkeit. So wurden Pferde auch als „die Brücken Islands" bezeichnet. Denn nur in die Mähne des schwimmenden Pferdes verkrallt, konnte der Reiter reißende Flüsse durchqueren.

Die Isländer haben mit ihrem enorm gestiegenen Lebensstandard eine Geländewagen-Kultur entwickelt wie kein anderes Volk. Der neueste Wagentyp, der „Superjeep", kostet ein Vermögen, und mit ihm kann man selbst im grimmigsten Winter in das Inland fahren. Aber das Islandpferd hat er noch nicht überboten. In der täglichen Arbeit des Bauern nicht, geschweige denn im Herbst, wenn die Schafe oder die Pferde selbst zusammengetrieben werden. Dabei spielt allerdings ein weiteres Haustier eine gewichtige Rolle, das schon mit dem Schaf und dem Pferd vor 1000 Jahren eingeführt wurde: der Hund. An seinen aufrechten Ohren und dem geringelten Schwanz erkennt man den reinrassigen Islandhund. Als treuer Wächter und tüchtiger Schäfer ist er dem Bauern bis heute ein unentbehrlicher Genosse.

Island war immer ein hartes Land, Menschen und Tiere konnten nur in optimaler Anpassung an die Natur bestehen. Diese ist voll gelungen.

Aus Nerzfarmen in den dreißiger Jahren entwichene Tiere vermehrten sich sehr rasch und stellen heute eine ernste Gefahr für die Vogelwelt dar. Großen Schaden richteten die verwilderten Tiere in Eiderenten-Kolonien an und stellen eine ständige Bedrohung für die Vogelfelsenbewohner dar.

Rekordflieger

Der spektakulärste Vogel auf Island, der in der Gunst und im Interesse der Reisenden ganz oben steht, ist zweifelsohne der ulkige, bunte Papageitaucher. Er ist ein Showmaster! Ihn beobachten zu können, bedeutet schlicht Amüsement der Sonderklasse. Die Chancen, ihn zu sehen, sind groß, denn immerhin leben auf Island und den vorgelagerten Inseln Millionen davon!

Daneben freilich wirkt geradezu unscheinbar und unauffällig der eigentliche Star unter den gefiederten Bewohnern Islands: die Küstenseeschwalbe – *Sterna paradisaea.* Sollte des vergleichsweise schlichten Kleides wegen jemand diesen Vogel übersehen haben, lernt er ihn spätestens dann gut kennen, wenn er versehentlich in ein Brutgebiet gerät. Dann nämlich steigen gleich mehrere auf und stürzen sich in kühnem Angriff auf den Eindringling. Sie schießen Pfeilen gleich vom Himmel auf alles, was sich nahe ihrer Brut bewegt. Ob dies Schafe sind, Füchse oder Menschen. Die großen Raubmöwen sind fast immer auf der Verliererseite, so hart werden sie von den ihnen körperlich weit unterlegenen Seeschwalben in erbitterten Luftkämpfen attackiert. Wenn man von Küstenseeschwalben angegriffen wird, ist es schwer, eine Haltung zu bewahren, die nicht lächerlich wirkt.

Ich lernte diese zierlichen Flieger zunächst auf Spitzbergen kennen, dann traf ich wieder viele Male auf sie an den Küsten der Inselwelt der Kanadischen Arktis. Schließlich auch noch im Norden von Ellesmere Island, nahe der Nordspitze Grönlands – nur noch einige hundert Kilometer vom Nordpol entfernt – dem fernsten Punkt, den Küstenseeschwalben im nördlichen Polargebiet ansteuern.

Dann wieder begegnete ich diesem „Gruß aus dem Norden" auf den Falklandinseln, auf der Antarktischen Halbinsel und auf Südgeorgien. Dort schwirrten sie mit ihrem unverkennbaren, lauten „Kri kri" just über Edward Shackletons Grab.

Mit diesen so weit auseinanderliegenden Gebieten bin ich am Kern der Sache angekommen: Die Küstenseeschwalbe ist einsamer Rekordhalter unter den Zugvögeln der Welt!

Zweimal im Jahr unternimmt die Küstenseeschwalbe die Reise von Pol zu Pol. Die dabei auf dem Hin- und Rückflug zurückgelegte Strecke beträgt bis zu 40.000 Kilometer! Um zeitgerecht im nordischen Brutgebiet zu sein und auch rechtzeitig wieder im kurzen Sommer der Antarktis verweilen zu können, muß die Küstenseeschwalbe insgesamt pro Jahr acht Monate unentwegt fliegen! Dabei zieht sie immer in Sichtweite der Küstenlinien, woher auch ihr Name kommt. Unterwegs leben die agilen Flieger von kleinen Fischen, die sie im Tiefflug geschickt dicht unter der Wasseroberfläche herauspicken.

Jene, die in Alaska und den nahen sibirischen Tundren brüten, folgen der Westküste Nord- und Südamerikas bis zum Kap Hoorn, überfliegen dann die Drakestraße zu den antarktischen Inseln und der Antarktischen Halbinsel. Auf den Eisbergen, die in der rauhen Drakestraße treiben, sitzen sie oft zu Hunderten und schwirren – wie es scheint – vergnügt und ausgelassen umher. Jene wiederum, die auf Grönland, in der Kanadischen Arktis oder auf Spitzbergen brüten – und schließlich auch „unsere" von Island –, folgen auf ihrem Flug von der Iberischen Halbinsel aus der Westküste Afrikas bis zum Kap der Guten Hoffnung und gelangen von dort weiter in die antarktischen Gebiete. Je mehr man sich mit diesem Globetrotter der Lüfte und Meere beschäftigt, desto unglaublicher erscheinen manche Fakten. So wurde z. B. eine junge Küstenseeschwalbe vor ihrem ersten Flug in Wales beringt und sechs Monate später in Neusüdwales auf dem antarktischen Kontinent aufgefunden. Sie muß also in den ersten sechs Monaten ihres Lebens mindestens 20.000 Kilometer geflogen sein! Küstenseeschwalben werden bis zu 26 Jahre alt, sie legen also in ihrem Leben mehr als eine Million Flugkilometer zurück! Kein anderer Vogel kann da auch nur annähernd mithalten.

Ein wahres Wunder!? Wissenschaftler, die hinter diesem Wunder der Natur einer rationalen Erklärung nachspüren, erhoben denn auch die Frage nach dem Warum dieser immensen Fliegerei. Man hatte nämlich festgestellt, daß es in der Antarktis sehr wohl Küstenseeschwalben gibt, die sich den langen Flug ersparen und in der Grimmigkeit des Südpolargebietes überwintern. Auf Deception Island, an der Antarktischen Halbinsel, erstieg ich den 700 Meter hohen Hauptgipfel. Es ist der höchste Zacken eines gewaltigen Kraterrandes. Am Fuß des Berges, in der geschützten Kaldera, dampfte es aus dem schwarzen Sandstrand, warme Quellen sprudelten und mächtige Eisblöcke lagen da. Dazwischen flatterten Küstenseeschwalben umher. Für mich war klar, daß dies Wanderer aus dem Norden sind.

Mittlerweile aber kenne ich die Arbeiten eines Ökologen, der just hier die unglaublichsten Beobachtungen machte. Bei den vermeintlichen Küstenseeschwalben aus dem hohen Norden handelt es sich auf Deception Island um eine nahe verwandte Art, die von der nordischen kaum auseinanderzuhalten ist. Erst wenn man beobachtet, daß sie am Strand und sogar auf dem Schnee flache Nester haben und brüten, wird der Unterschied augenscheinlich. Der Wissenschaftler fand auf dem Eis ein verlassenes Nest und nahm die Eier mit in seine Station. Unter dem Licht einer Lampe öffneten sich völlig unerwartet die Eier, und muntere und gesunde Kücken entschlüpften diesen. Bevor Anfang April, wenn die südpolare Nacht einsetzt, der Rückflug in den Norden beginnt, schwirren die Küstenseeschwalben besonders übermütig durcheinander, denn nun sind sie in der Balz. Nestbau und Brüten aber finden auf der anderen Seite des Globus statt. Die Erklärung dafür ist in der Tatsache zu finden, daß die weite Strecke in Rekordzeit zurückgelegt werden muß, geturtelt wird also vor dem Flug, so lange noch Zeit dafür ist.

In Westafrika, an der Küste von Togo, erlebte ich die schnittigen Flieger auf ihrem Südflug. Die Männer eines ganzen Dorfes zogen ein riesiges Netz an den flachen Strand. Frauen und Kinder warteten mit Körben und Schüsseln auf die Beute, die gerecht verteilt wurde. Aus dem Netz entkamen massenweise winzige Fische, die benommen auf dem Wasser trieben. Darüber schwirrte die Luft von Küstenseeschwalben, die sich die leichte Beute aus dem Wasser holten. Ich kann die Empörung nicht beschreiben, die mich befiel, als ich das Vergnügen der Kinder erlebte, die in den tieffliegenden Vogelschwarm hineingriffen und die schönen Küstenseeschwalben herausfingen. Im grausamen Spaß verknoteten sie die zarten Flügelspitzen ineinander und warfen die Unglücksgeschöpfe in den heißen Sand.

Auf Island kann man während des Sommers die geschäftige Küstenseeschwalbe in Strandnähe fast überall beobachten und – wie schon erwähnt – auch ganz schön von ihnen gejagt werden. Nimmt man sich aber etwas Zeit und wählt den richtigen Abstand zum Brutplatz, beschert man sich ein ganz besonderes Naturerlebnis. Meine kleine Serie auf den Seiten 94/95 am „Eissee", dem Jökulsárlón, an der Südküste ist ein Beispiel dafür. Die ganze Emsigkeit, mit der die Aufzucht der Jungen betrieben wird, war da zu erleben. Die Mutter hatte ihre Kleinen mit deren ersten Flugkünsten hinausbugsiert auf das Eis, um sie vor den Gefahren auf dem Lande zu schützen. Dazu zählt vor allem der Fuchs. Auf dem Eis bleibt immer noch die Skua, die große Raubmöwe, als Bedrohung. Auf manchen Eisbergen sind ganze „Kindergärten" versammelt, und es herrscht ein hektisches Treiben, ein stetes Kommen und Abfliegen der erwachsenen Tiere. Unablässig werden die Kleinen gefüttert. Es muß alles sehr schnell gehen, denn in zwei Monaten neigt sich der Nordsommer dem Ende entgegen, und dann muß das jetzt noch so flauschige, hilflose Kücken bereit sein zum Flug über die Tropen in das südliche Polargebiet.

Eine einzigartige Situation im Tierreich! In Islands Vogelwelt, die vielfältig und eindrucksvoll ist, nimmt die zierliche *Sterna paradisaea* einen ganz besonderen Platz ein!

TABULA ISLANDIAE, Atlas des Willem Janszoon Blaeu (1571–1638), dem Atlas Blaeu – Van der Hem (dem „Atlas des Prinzen Eugen" der Österreichischen Nationalbibliothek, Kartensammlung, Signatur 389 000 03-FK, Bd. 82) entnommen.

Der darauf genannte Georgius Flandrus ist Joris Carolus van Enkhuyzen, der 1625 Island besuchte. Die Karte wurde 1638 in Amsterdam publiziert und ist die bekannteste Island-Karte des 17. Jahrhunderts. (Akadem. Druck- und Verlagsanstalt Graz, 1983)

HANS GSELLMANN

Panoramen und Bildtafeln

Säulenbasalte säumen die Ufer des Skjalfandafljót, dort wo seine gischtenden Wasser mit ungeheurer Kraft über den Aldeyjarfoss in die Tiefe stürzen. Und diese Wasserkraft war es, die diese Basalte freilegte und der selbst das Urbild der Unzerstörbarkeit nicht standhalten konnte. Die Basalte gehören zu den ältesten Gesteinen Islands und sind mit etwa 16 Millionen Jahren „jung“, wie die ganze Insel – im geologischen

Zeitdenken – jung ist. Basalte in Schottland, zum Vergleich, weisen ein Alter von 60 Millionen Jahren und mehr auf!

In diesem Bild der Uferwand liegt ein erstarrtes Inferno vor dem Betrachter, das im Erkalten seine schöne und geheimnisvolle Form erhielt.

Das Kerlingarfell ist ein Berggebiet, das sich zwischen den Kies- und Sandwüsten des Hochlandes erhebt, zwischen dem Sprengisandur und der Kjölur. Von weitem schon fällt es durch seine hellen Farben auf, die gegen das Grau der Wüsten kontrastieren. Ähnlich wie das viel berühmtere Landmannalaugar ist es ein Rhyolith-Gebirge, nur sind die Farben feiner, subtiler, es sind oft hauchzarte Aquarelle, die hier in der vulkanischen Natur

entstanden. Teils sind die Bergkuppen vergletschert, und nicht selten sprudeln unter dem Eis kochende Bäche hervor. Meine Panoramaaufnahme zeigt einen verborgenen Talschluß, den man nach stundenlanger Wanderung erreicht. Das Wetter blieb unentschieden zwischen Regen und Sonnenschein. So entsteht die Beleuchtung, die die feinnervige Farbigkeit am schönsten zutage bringt.

„Des Teufels Küche" – einen trefflicheren Namen hätte man für diesen Ort nicht finden können, an dem es zischt und blubbert und dampft. Es ist eine von etwa 600 Solfataren Islands, aber sicher auch eine der schönsten!

Solfataren, benannt nach dem Krater Solfatara bei Pozzuoli in Süditalien, sind Gebiete, in denen Oberflächenwasser oder Grundwasser in der Tiefe erhitzt wird und als Dampf mit allerlei Gasen beladen an die Oberfläche

dringt. Man nimmt an, daß in diesem Fall Magma aus dem Erdinneren dicht an die Oberfläche vorstieß. Die Buntheit entsteht durch die Zersetzung von Ton, rhyolithischen Materialien und einer Menge chemischer Vorgänge.

Die gelblichen Krusten dort und da weisen auf den Schwefel hin, den der Dampf hervorpfauchte. Gelegentlich in wohlig warme Dampfschwaden gehüllt, erlebt man Zerstörung und Werden in unberührter Natur.

Die Wunderwelt des Skaftafell-Gebietes ist von der Brücke über den Skeidará, dem Fluß aus dem Skeidargletscher, in seiner Gesamtheit zu sehen. Vom Eisplateau des Vatnajökull lecken die Eisströme bis auf Meereshöhe herunter. Links im Bild ist der Skeidarárjökull zu erkennen, der an seinem Ende noch 25 Kilometer breit ist. In der Mitte des Bildes liegt der grüne Sockel des Kerngebietes des Nationalparks, die Skaftafellsheidi, die

im spitzen, 1126 Meter hohen Kristianartindar gipfelt. Von diesem Gipfel hat man einen prächtigen Blick auf das Eisplateau und den Skaftafellsjökull, der direkt darunter in die Ebene fließt. Das „kühle Bild" läßt nicht vermuten, daß in den Wäldern zwischen den Gletschern an einem Sommertag bis 30 Grad Celsius Hitze herrschen können und daß dort unzählige Blumen blühen und Pilze gedeihen.

Das Wasser des Jökulsá á Fjöllum stürzt hier auf breiter Front mit gewaltigem Tosen 40 Meter tief in eine enge Schlucht. Der kleine Mensch – im rechten Bildeck – auf der grünen Bühne ist nicht nur Betrachter, er ist miteinbezogen in das Toben der Elemente. Eiskalte Gischt weht ihm ins Gesicht, der Boden unter seinen Füßen scheint zu vibrieren im Donner der nahen Wasserwand. Das ist das Erlebnis entfesselter Naturgewalt pur. Geboren werden diese Wasser unter dem Eisschild des Vatnajökull und sie fließen zunächst als heißer Bach durch Dome unter dem Eis.

Aus einer Fläche von mehr als 9000 Quadratkilometern formiert sich Islands zweitgrößter Fluß, der sich hier am Fall so packend entfesselt. Der Dettifoss wird als Europas eindrucksvollster Wasserfall beschrieben. Hier, vor diesen sich stets überschlagenden Kaskaden, schließt man sich gerne diesem so subjektiven Überschwang an.

In einem weltvergessen wirkenden Talabschluß nahe dem Gehöft Stöng fällt eine ganze Reihe kleinerer Wasserfälle in eine Schlucht. Solch idyllische Plätze gibt es unzählige auf Island. Am Ufer des Baches blühen die mächtigen Dolden der Echten Engelwurz auf kräftigen, rotbraunen „Rhabarberstämmen". Früher, im alten Island, in jenen Zeiten, in denen die Menschen alles nutzen mußten, was die spärliche Natur des Landes ihnen

bot, wurde auch diese prächtige Gemüsepflanze gegessen. Die Echte Engelwurz wird auf Island bis zu zwei Meter hoch!

Ein Hauch von naiver Malerei liegt über dem Bild des winterlichen Reykjavik. Zwar fehlen die feisten Bauerngestalten, wie sie die Miniaturmaler der bäuerlichen Malschule von Hlebine in Kroatien in den Gassen hätten wandern lassen. Die Häuser aber sind echt „naiv“. Der Blick von der Hallgrimskirche auf die Stadt ist jedem Ankömmling zu empfehlen. Ob es ein heiterer Sommertag ist oder die Stadt nur schemenhaft aus dem Nebel

taucht. Eigenartig, je schlechter das Wetter, desto bunter die Stadt. Beim Blick in die Straßen fällt auf, daß manche schneefrei sind und andere tief winterlich schneebedeckt. In Reykjavik werden die wichtigsten Straßenzüge während des Winters beheizt! Reflexion des Energiereichtums des Landes. Reykjavik ist von allen Hauptstädten der Welt sicherlich eine der ruhigsten. Im Winter wirkt ihr Bild geradezu etwas melancholisch.

Der Boden Islands erzählt Meter für Meter die Geschichte seines Werdens und Vergehens. Einst rotglühend, schob sich zäher Lavabrei dahin, bis die Kraft des Fließens versiegte und die alles vernichtende Masse sich zu stauen begann, sich faltete, sich legte wie Stricke und schließlich unbeweglich zu erkalten begann. Damit war der Beginn des Verfalls erreicht. In den Falten der erstarrten, erkalteten „Stricklava“ setzten sich die ersten Pflanzen in

der hingewehten Erde fest und begannen ihr Zersetzungswerk. Es mag Jahrtausende dauern, doch die Urkraft des pflanzlichen Lebens wird die eisenharte Lava zu Erde wandeln. Einen Augenblick in diesem unendlichen Fortgang erfaßt mein Bild. Die Wurzeln des hübschen Storchenschnabels in der Ecke haben sich schon tief in den Lavaklüften verankert.

Der Jökulsá á Fjöllum ist einer der wildesten Flüsse Islands. Geboren in den Eisdomen tief unter dem Vatnajökull, sammelt der Fluß das meiste Wasser der Nordostseite des Riesengletschers und führt es in geradem Lauf an die Nordküste. Der Jökulsá grub eine 30 Kilometer lange Schlucht, in der er über fünf Wasserfälle insgesamt mehr als 100 Meter tief stürzt. Einer davon ist der mächtige Dettifoss. Im Unterlauf der Schlucht legte das Wasser

die imposantesten Säulenbasaltformationen Islands frei. Seit 1973 ist diese einzigartige Landschaft im „Jökulsárglúfur Nationalpark" geschützt. Das Panorama zeigt einen etwa zehn Meter breiten Ausschnitt aus einer der vielen Basaltwände im Abschnitt „Hljódaklettar" des dreiteiligen Nationalparks.

Island ist ein blühender Garten! Die meisten Menschen, die Island nicht kennen, nehmen den Namen der Insel wörtlich – „Eisland“ – und verbinden das Bild seiner Natur mit Kälte, Regen und Schnee. Doch wie groß ist bei vielen dann wohl die angenehme Überraschung, wenn die Fahrt in das Land begonnen hat und sich nicht nur Eis und Lavawüsten zeigen. Die geborstene Lavascholle, einst blank und kahl, ist fast schon zur Gänze mit

weichem Moos und zarten Blumen überzogen. Es duftet nach wildem Thymian, der in großer Zahl blüht. Unzählige Male hat in Island ein Neubeginn stattgefunden: Lavaausbruch, Chaos, Stille, zaghaftes Wiedererwachen der Natur. In Islands Natur kann man alle Stadien der Schöpfung erleben.

Der Kampf wogt und ist noch nicht entschieden. Wer wird siegen, Wasser, Wind oder die kräftigen Wurzeln der Gewächse, die sich in den Lavaboden verkrallen, der tief unter dem Schwemmsand liegt? Im Jökulsárglúfur Nationalpark sind viele solcher Zonen zu sehen, in denen der Angriff der Erosionskräfte gegen den Widerstand der Vegetation so offen zutage tritt. Als der Mensch von Island Besitz ergriff, waren weite Landstriche von niedrigen

Birken- und Ebereschenwäldern bedeckt. Nach den ersten Jahrzehnten der Besiedlung waren die meisten Wälder abgeholzt und der Boden der Zerstörung durch die Elemente ausgeliefert. Die Schafe taten ein übriges, um das pflanzliche Leben zu bedrohen. Die Kriechweiden – im Vordergrund des Bildes – halten den Boden noch am besten „zusammen“. Echtes Labkraut und der Alpenfrauenmantel auf den Vegetationshügeln behaupten sich ebenfalls – noch.

In dieser Ebene fand im Jahr 930 die erste überregionale Volksversammlung, das Althing, statt, bei dem für ganz Island gültige Gesetze verkündet wurden. Der Staat Island war entstanden! Nach 332 Jahren verlor Island seine Freiheit an Norwegen, später an Dänemark. Am 17. Juni 1944 jedoch, nach 682 Jahren der Unfreiheit, wurde, wieder auf der Thingstätte, die unabhängige Republik Island ausgerufen!

Beim Althing des Jahres 1000 wurde das Christentum, nach Betreiben des norwegischen Königs, zur Staatsreligion erklärt – jedoch nicht ohne Widerstand jener, die den germanischen Göttern treu bleiben wollten! 1550 zwang der dänische König die Isländer, die Lehre Luthers anzunehmen. Eine blutige Reformation war die Folge. Das Bild zeigt das Innere des Kirchleins von Thingvellir.

Der Leidensweg der Isländer durch die Jahrhunderte der Unfreiheit und auch Zeiten bitterster Not konnten weder den Freiheitswillen noch die nationale Identität auslöschen. Die Isländer leben heute mit einem selbstverständlichen Freiheitsgefühl, vererbt durch Generationen.

Thingvellir ist nicht nur Islands bedeutendster historischer Ort, sondern auch ein geographischer Höhepunkt! Die Kluft auf meinem Bild gehört zur Trennlinie der eurasischen und amerikanischen Platte. Sie bewegen sich mit ein bis zwei Zentimeter pro Jahr auseinander. Hier in dieser Felsspalte, vor dem Hintergrund des Thingvallavatn, Islands größtem See, kann man mit einem Fuß in Amerika stehen und mit dem anderen in Europa!

Am Skagafjord im Norden liegt die Ortschaft Vidimyri mit ihrer berühmten Kirche. Als Kirchplatz reicht Vidimyri in die Frühzeit Islands zurück. Hier wirkte bereits der Pfarrer Gudmundur Arason (der Gute) zu Beginn des 13. Jahrhunderts. Die heutige Kirche stammt aus dem Jahr 1834 und ist „... eines der stilechtesten und schönsten Beispiele alter isländischer Baukunst, die heute noch erhalten sind".

Die Gebäude des Gehöfts in Glaumbaer stammen aus dem 18. und 19. Jahrhundert. Sie stellen die höchste Stufe der Entwicklung altisländischer Bauweise dar, ehe diese durch die Anwendung moderner Baumaterialien abgelöst wurde. Glücklicherweise hat man das Gehöft unter Denkmalschutz gestellt und hält so den Blick in die Vergangenheit offen.

Die skandinavischen Vorfahren der heutigen Isländer entwickelten einen charakteristischen Baustil, der ihnen vom Land selbst vorgegeben wurde: Der Mangel an Langhölzern schloß den Bau von großen Häusern aus.

Man baute kleine Häuschen mit verschiedenen Funktionen. Als dann selbst das verkrüppelte Holz der isländischen Wälder immer knapper wurde, führte die Entwicklung zum Torfhaus. Ein Blick über die Dachlandschaft

des Gehöfts in Glaumbaer am Skagafjord verdeutlicht dies. Die Mauern bestehen aus dicken Torfziegeln, die als perfekte Isolierschicht fungieren. Einzelne Räume sind mit dünnen Holzbrettern ausgekleidet. Weiteres Bauholz wird noch für die Dachkonstruktion benötigt und zur Verkleidung der Vorderfront gegen die Wetterseite.

Dieses Bild eines Dachgiebels zeigt die geschickte Verarbeitung des Baumaterials Torf! Das Dach ist mit vielen Torflagen gedeckt und darüber wächst Gras. Das isländische Gras hat einen sehr kräftigen Wuchs, und die Wurzeln binden den Torf auf dem Dach zu einer festen, dauerhaften Schicht. Wesentlich ist jedoch die Dachneigung. Ist sie zu flach angelegt, regnet es durch, ist sie aber zu steil, wird der Untergrund in Zeiten mit

wenig Regen brüchig, und es regnet wieder durch. Die Erfahrung hat aber gezeigt, daß ein Torfhaus in Gebieten mit gemäßigten Regenfällen ein Jahrhundert überdauert! Da es auf Island kaum schweren Gewitterregen gibt, hat sich die Bauweise bewährt und wird selbst heute noch da und dort für kleine Vorratskeller und Ställe angewandt.

In der trockenen und luftigen Vorratskammer ist die Struktur der Torfziegel an den Wänden gut zu erkennen. Die Klimaregulierung durch den Naturbaustoff Torf ist in den Räumen deutlich fühlbar. Ähnlich sind im Gehöft weitere Vorratskammern, die Milchkammer, die Küche und eine Schmiede angelegt.

Der bedeutendste Raum jedoch war die „Badstofa“. Hier schlief man, speiste auf seinem Bett sitzend und arbeitete an den langen Winterabenden beim Schein einer Öllampe. Die Frauenseite war an den Fenstern, da die Frauen beim Spinnen und Nähen mehr Licht brauchten als die Männer gegenüber, die Wolle kämmten und Stricke aus Roßhaar herstellten. In einem Bett schliefen meistens zwei Menschen.

Ein Schulausflug brachte das Mädchen mit seinem treuen Freund nach Glaumbaer. Es lauschte der Lehrerin, die vom Leben der Vorfahren erzählte. Für ein Kind, gewöhnt an Satellitenfernsehen, an Telefon und Autos der Eltern war das schlicht unfaßbar. Aber ergeht es uns nicht ähnlich, wenn wir uns im Freilichtmuseum durch die Tür eines Bergbauernhofs bücken?

Das mineralienhältige Wasser der „Blauen Lagune" – dem Abwassersee des geothermischen Kraftwerkes Svartsengi – ist in seiner heilenden Wirkung bei verschiedenen Hauterkrankungen medizinisch unbestritten anerkannt. Seit langem diskutiert man darüber, hier ein Kurzentrum zu errichten. Vielleicht spannt sich einmal ein Hallendach über den See, von dessen Grund der Bursche einen Brocken Borax losriß.

Auf der Halbinsel Reykjanes, nicht weit von der Hauptstadt entfernt, liegt ein Hochtemperaturgebiet mit ergiebigen Salzwasserquellen, die bis zu 240 Grad Celsius erreichen. Mit diesem heißen Wasser erhitzt man kaltes Süßwasser, das dann alle Ortschaften auf der Halbinsel und den nahen Flughafen mit Heißwasser versorgt. Der mit Getöse dem Boden entströmende Dampf treibt Turbinen an, die rund 45 Millionen Watt

Strom erzeugen. Der Mensch auf Island verstand es immer schon, den gefährlichen vulkanischen Kräften auch Segen für sein Leben abzuringen. Heißwasser wurde zur Salzgewinnung genutzt, zum Brotbacken und vielem mehr. Die „hautnah" empfundene Wohltat des Vulkanismus ist ein heißes Naturbad. So ist auch die „Blaue Lagune" der beliebteste Badeplatz auf Island.

So haben einst auch unsere Täler ausgesehen, ehe der erste Bauer einen Bach umleitete, damit seine Felder nicht bei jedem Hochwasser überflutet werden. Aus solchen regulierenden Eingriffen entstanden die Kulturlandschaften, in denen wir leben und uns wohl fühlen. Island aber läßt uns in die Urwelt zurückblicken, in die Welt vor dem Menschen. Ehe man den „Mußausflug“ in die Thorsmörk unternimmt, sollte man auf den Store

Dimon steigen. Von diesem grünen Hügel eröffnet sich der Blick in diese schöpfungsnahe Ursprünglichkeit. Jeder Betrachter wird dort „sein" Flußbild sehen und nie mehr wieder wird es gleich sein. Denn die Fluten des Markarfljót – das Gletscherwasser des Myrdalsjökull und des Eyjafjallajökull – ändern ständig ihren Lauf.

Eben noch prasselte es aus einer schwarzen Regenwolke auf uns nieder, und für kurze Zeit schien es, als wäre uns die Gipfelrast auf dem Valahnukur, nahe dem Talschluß der Thorsmörk, nicht vergönnt. Wenig später war die Wolke weitergezogen, ein kräftiger Sonnenspot strahlte in die Düsternis und spannte einen weiten Regenbogen über die Landschaft. Von allen Qualitäten, die Island für den Fotografen bereit hält –

die Farbigkeit aktiver Vulkanlandschaften etwa, oder die vielfachen Strukturen der Lavaböden und der Basalte, die Gletscherwelt, die Flüsse –, ist vielleicht die Vielzahl stets wechselnder Lichter die faszinierendste und aufregendste. Im Sommer wechseln auf Island die Lichter den ganzen Tag über.

Das Kap Dyrhólaey ist seit dem 28. Oktober 1918 nicht mehr der südlichste Punkt Islands! Damals hatten die Fluten nach einem gewaltigen Vulkanausbruch unter dem Eis des Myrdalsjökull solche Massen an Lava und Asche aus der Thorsmörk geschwemmt, daß die Küste 500 Meter weit in das Meer hinausgetragen wurde. Kap Kötludangi ist seither der Rekordhalter, der Strand ist flach, öde und so gut wie unbekannt. Das „falsche“

Südkap hingegen – Kap Dyrhólaey – mit den atemberaubenden Szenarien schauriger Abgründe, donnernden Brandungswogen, dem Seevögelgeschwirre in der Luft und an den Felswänden zieht die meisten Besucher so sehr in den Bann, daß kaum Zeit für unscheinbare Details übrig bleibt. Da blühen die gewöhnliche Grasnelke und die zarte Mertensie am Strand. An den Wiesenhängen ducken sich versteckt Birkenröhrlinge.

Auf der schmalen Straße, die direkt zum Kap Dyrhólaey führt, sollte man Halt machen und zum Strand hinaus wandern. Einmal ist von dort auch eine schöne Sicht auf das Kap und die Höhle gegeben, vor allem aber ist die Vegetation beeindruckend. Besonders überraschend ist das massenhafte Vorkommen der Zaunwicke, die mein Panorama zeigt. Sie blüht im Juli am Fuß der steilen, grünen Wiesenhänge, die hinauf auf die Hoch-

fläche hinter dem Kap führen. Nirgendwo auf Island habe ich diese Blume in solch intensiver Ausbreitung erlebt wie eben hier. In Island gibt es viele Plätze, die jenen völlig verblüffen, der nur Eis, Kälte und Regen erwartete.

Unberührte Strände gehören zu jenen elementaren Landschaften, die den Blick geradezu auf den Boden zwingen. Die Steinchen, von den Wogen klirrend über den Strand bewegt, reflektieren das Hinterland. In Griechenland sind die Kiesel hell, aus Kalkgestein und Marmor. Im südlichen Afrika schillern sie bunt und vielversprechend. Man vermeint in jeder Handvoll, die man aufnimmt, müßten sich Edelsteine oder gar Diamanten finden.

Islands Vulkanismus prägt auch seine Strände: Es ist schwarze Lava, die, geschliffen und poliert, in einem geologischen Sekundensplitter, ehe sie zu feinem, schwarzem Sand zerrieben, zum Spielball ewig rauschender Brandungswogen wird. Ein feinnerviges Islandbild, an einem menschenleeren Strand aufgenommen – nur wenige Gehminuten neben einem der geschäftigsten Plätze des Islandtourismus – dem Kap Dyrhólaey.

Über eine Fläche von 565 Quadratkilometern erstreckt sich das größte Lavafeld, das je in historischer Zeit entstand – das Eldhraun oder Feuerfeld. Am 8. Juni 1783 brach aus der Laki-Kraterreihe diese ungeheure, rotglühende, flüssige Magmamasse hervor. Der Ausbruch erfolgte in den düstersten Notzeiten des isländischen Volkes und stürzte es noch tiefer ins Unglück. In den folgenden drei Jahren starben durch die giftigen Gase, die der Lava entströmten, und durch die Hungersnot, die die Verwüstung auslöste, etwa 20.000 Menschen. Das war fast ein Viertel

der Bevölkerung. Der größte Teil des Tierbestandes ging verloren. Der Pfarrer Jón Steingrimsson hielt den vorrückenden Gluten das Kruzifix entgegen. Niemand hätte damals an der Kraft der Gebete gezweifelt, als die Lava zum Stillstand kam. Nun, etwas mehr als 200 Jahre später, hat sich das Chaos begrünt, unter dem Höfe und einst saftige Weiden für immer begraben liegen.

Unberührten isländischen Urwald findet man im Skaftafell Nationalpark, vor allem in dem engen kleinen Tal, dort, wo die Skaftafellheidi steil in das Morsárdalur abbricht. Der Waldstorchenschnabel umrankt die niedrigen und krummen Stämme der Moorbirken. Es sind Wälder, wie sie die ersten Einwanderer vor mehr als tausend Jahren auf der Insel vorfanden. Im Isländerbuch – dem berühmten „Islendigabók" – behauptet Ari der Weise,

im Jahr 1067 geboren: „Das Land war vom Strand bis zu den Bergen mit Wald bewachsen.“ Wenn auch viele Fachleute diese Feststellung für übertrieben halten, weisen doch viele Flurnamen und Ortsnamen auf eine einst ausgedehnte Bewaldung Islands hin. Spekulationen reichen bis zu 40 Prozent Bewaldung in der Wikingerzeit. Eines weiß man genau: Heute sind es weniger als zwei Prozent!

Island hat zahllose Wasserfälle – berühmte und solche, die man noch für sich selbst entdecken kann, wie etwa den Gljúfrabúi, der fast unbemerkt aus großer Höhe in eine enge Kluft stürzt. Und dies in unmittelbarer Nähe des berühmten Seljalandsfoss. Der allen Islandfahrern bestens bekannte Svartifoss umgibt sich mit wunderschönen Details schwarzer – svarti – Säulenbasalte.

Unter Islands Wasserfällen rangieren die beiden in der Berühmtheit ganz oben. Beide liegen an der Hauptstraße der Touristen entlang der Südküste, beide sind leicht zugänglich und beide haben die gleiche Fallhöhe von 60 Metern. Hinter dem Seljalandsfoss kann man im Sprühregen auf rutschigem Pfad hindurchgehen, was sehr eindrucksvoll ist. Und auch am viel mächtigeren Skógafoss sollte man sich nicht allein mit der bequemen Perspektive von unten begnügen.

Wollgras gehört untrennbar zum Bild nordischer Landschaften und Wollgras gehört natürlich auch zu Island. In den Tälern allerdings, vor allem an der Südküste, wurden viele Wiesen durch Drainagegräben ausgetrocknet, um bessere Weiden für Rinder und Pferde zu schaffen. Dadurch wurde auch das Wollgras stark zurückgedrängt. Es gibt jedoch immer noch sehr viele naturbelassene Wiesen und Moore, in denen sich diese, bei allen

Nordlandreisenden so beliebte Pflanze voll entfalten kann. Das Hochmoor mit dem vielen Wollgras liegt im Skaftafell Nationalpark auf der Vesturheidi, etwa eine Gehstunde über dem Svartifoss. Nächtliche Sonne reflektiert aus dem Tümpel – und Insekten summen. Bei sonnigem und warmem Wetter können die surrenden Plagegeister die Idylle beträchtlich stören.

In der Nacht trommelte schwerer Regen auf das Zeltdach, und der kommende Tag schien für Bergwanderungen verloren. Doch Islands Wetter ist selten von Beständigkeit, weder im Sonnenschein noch im Regen. Und so war es auch diesmal wieder. Licht begann das Grau zu durchfluten, und die ersten Sonnenstrahlen brachen durch. Langsam verzog sich das Gewölk, und der Dom des Hvannadalshnúkur, mit 2119 Metern Islands

höchster Berg, schimmerte durch die reingewaschene Luft. Auf dem Campingplatz wurden Stative aufgepflanzt und lange Teleobjektive auf den Eisdom gerichtet. Vom nahen, winzigen Flughafen hob eine kleine Maschine ab, die geradewegs auf den Berg zuflog. Entlang der Eisflanken fliegend, wirkte die Maschine wie eine Mücke. Der berühmte Berg ist auch das Ziel von Snowmobil-Expeditionen.

Ziehende Nebel, zerschrundene Gletscher, spukhafte Lavaformationen, leblose Kieswüsten, darüber immer wieder grollende Vulkane: Das sind die Orte, an denen Islands Mythen und Legenden entstanden. Der Mensch vor tausend Jahren, der für keinen der ungewöhnlichen Vorgänge in einer unbegreiflichen, nicht erfaßbaren Natur rationale Erklärungen besaß, konnte die ihn umgebenden Naturphänomene nur im Metaphysischen

zu erklären versuchen. Island belebte sich mit Göttern, Geistern und Dämonen. Das Übersinnliche erhielt Stimme, wurde Begriff, entwickelte sich zu geistigem Volksgut – von Generation zu Generation weiterlebend. Wer in Islands Landschaften eindringt, den Pfad der Mythendichter aufnimmt, wird sich an die Schauplätze der Göttersagen versetzt fühlen, dem wird sich vielleicht ein Tor in die verschlüsselte Gedankenwelt des frühen Island auftun.

Der Mensch hat gelernt, die reißendsten Fluten, die größten Ströme zu zähmen, zu dämmen, ihnen ihren Lauf aufzuzwingen. Einem Eisfluß steht auch unsere modernste Technik hilflos gegenüber. Überall dort, wo plötzlich Gletschervorstöße in den menschlichen Lebensraum eindrangen, mußte man sich wehrlos ergeben und geduldig auf eine Veränderung warten. So war es z. B., als im 18. Jahrhundert der Vernagtferner plötzlich

das Pitztal bedrohte oder in den fünfziger Jahren der Black Rapids Gletscher in Alaska den Richardson Highway überrannte. Die Unzähmbarkeit eines Gletschers wird erahnbar, wenn man sich vorstellt, daß jeder Kubikmeter etwa 800 bis 900 kg wiegt! Das Bild zeigt das scheinbar starre, unbewegte Eis des Svinafellsjökull. Könnte man den Gletscher im Zeitraffer sehen, würde er sich zur bewegten Flut wandeln.

Wenn man sich Island mit dem Schiff nähert, und dies war mir schon mehrfach gegönnt, dann sieht man im Süden zu allererst die mächtige weiße Schneekuppe des Vatnajökull aus der Ferne blinken. Die Größe des Eisfeldes entspricht etwa jener der Insel Korsika! Der Name der Insel – Eisland – wird verständlich. Nähergekommen zeigen sich die vielen Gletscherarme, die von der Höhe in die Ebenen hinunterfließen. Zahllos

sind die Gletscherspalten in den zerrissenen Eisfällen, so wie hier im Bild jene des Öraefajökull. Das sind die Gebiete an der Südküste, in denen die Gletscher dem Meer am nächsten kommen, wo der Beschauer am direktesten und einfachsten in das Chaos aus Eis, Moränen, Wasserläufen und Gletscherseen eindringen kann. Dabei ist wohl die Blütenpracht in den Moränentälchen die größte Überraschung .

An einem der vielen Eisseen an der Südküste – an einem der „stillen" unter ihnen –, denn berühmt ist nur einer, der Jökulsárlón. Der Gletscherarm, der hier endet, ist ruhig und nicht sehr aktiv. Hin und wieder ein Knacksen, Knistern und dann und wann einmal ein lauter Knall aus den Tiefen der Spalten sind Anzeichen, daß der Gletscher „lebt", sich bewegt. Der „Schmutz", der auf dem Eis liegt, ist nicht den Schornsteinen der Industriezonen der Welt

entkommen, sondern es sind vielmehr feine Partikel vulkanischer Herkunft. Das Eis ist etwa tausend Jahre alt. In dieser Zeit gab es viele Vulkanausbrüche auf Island. Die Aschen regneten nieder auf den Schnee, der Schnee wurde zu Eis und die Vulkanasche ein Teil davon. Irgendwann kamen die Zeugen von Ausbrüchen, die viele Jahrhunderte zurückliegen mögen, wieder zutage und verstärken nun das wie gemalt erscheinende Aussehen dieser Eisformation.

Der an der Südküste gelegene „Eissee", wie wir Touristen den Jökulsárlón gerne nennen, ist eine der großen Attraktionen Islands. Ihre Entstehung verdanken der See und die vielen Eisberge, die im Wasser treiben, dem Breidamerkurjökull. Dieser Gletscher nämlich, der vom Vatnajökull her-

unterfließt und heute an der Stirnfront immer noch eine Breite von mehr als 20 Kilometern hat, erreichte früher einmal das Meer. Im Zuge des allgemeinen Gletscherrückgangs aber schrumpfte auch dieser und ließ eine mächtige Stirnmoräne nahe der Küste liegen. Der Moränenwall ist der

Damm, der heute den See aufstaut. Unablässig brechen weiterhin vom Gletscherende größere und kleinere Eisbrocken ab, die nun hier so lange treiben, bis sie irgendwann einmal – es mag Jahre dauern – vom Sog des Abflusses erfaßt werden und die 500 Meter weite Reise zum Atlantik antreten. Die schwarze Verbrämung mancher Eisberge erzählt vom vulkanischen Geschehen im Gletscher.

Wer den Zauber der Eiswelt am Jökulsárlón ganz für sich allein erleben will, der setzt sich am besten auf den Moränenwall, der das abfließende Gletscherwasser staut, und „stöbert" mit dem Fernglas oder dem Teleobjektiv in der Vielfalt der Formen und Farben umher. So entstand auch dieses Panorama. Nach dem ersten überwältigenden Eindruck des Gesamtbildes, der Masse an Eis im Wasser, beginnt sich nun im Detail viel

Schönes und Phantasievolles zu enthüllen. Mit jedem Schwenk in eine andere Richtung entdeckt man Neues. Professor Stefan Kruckenhauser, der legendäre Leicafotograf und Schipapst vom Arlberg, sagte einmal zu mir: „Die besten Sachen sind dahockt und net darennt.“ Für den Fotografen im allgemeinen, am „Eissee“ jedoch im besonderen, ein guter Hinweis, den man probeweise einmal befolgen sollte.

Die drohende Regenwand verbirgt den Gletscher, von dem die Eisberge herübertreiben. Das Unwetter wälzt sich schon über den See und wird bald die Idylle in ein Inferno verwandeln. Noch ist es still, die Strahlen der tiefstehenden, nächtlichen Sonne verleihen dem Eis im letzten Aufleuchten diese Farbkraft. Durch die Stille vor dem Regensturm fliegt eine Skua, die große Raubmöwe – eine tödliche Gefahr für viele Jungvögel.

Eine Schneeflocke, die auf der Höhe des Vatnajökull niedergeht, braucht etwa tausend Jahre, bis sie als Teil des Eises an den Rand des Riesengletschers gelangt. Die hier schwimmenden Eisberge werden bald in den Atlantik hinaustreiben und dort rasch vergehen. Das Ende ihrer tausendjährigen Reise ist erreicht.

Die Eltern haben das Kücken, das seine ersten Flüge unternimmt, auf einen Eisberg im „Eissee“ hinausbugsiert, um es vor dem Fuchs zu sichern. Als einzige Gefahr bleibt noch die Skua, die große Raubmöwe. Die Eltern füttern unablässig. In der Aufzucht ist eine gewisse Hektik vorhanden. In zwei Monaten muß alles erledigt sein, denn dann wird sich der junge Vogel schon auf seinen ersten 20.000 Kilometer langen Flug in den Südsommer

der Antarktis aufmachen. Im nächsten Islandsommer wird die Küstenseeschwalbe wieder über den Strand des „Eissees“ schwirren!

Habe ich die vier Aufnahmen von der Fütterung des Küstenseeschwalben-Kückens mit Brennweite 1120 mm fotografiert, also mit langem Rohr, halte ich bei diesen zwei Aufnahmen die Leica mit Superweitwinkel 19 mm mit ausgestreckten Armen über meinen Kopf der angreifenden Schwalbe entgegen, ohne in den Sucher schauen zu können.

Von Aggression erfüllt, attackiert die Küstenseeschwalbe mich, den Eindringling. Dabei bin ich noch weit von der Brut entfernt. Immer wieder stößt sie herab, alles spielt sich in Sekundenschnelle ab. Ich habe den Flug dieser wunderbaren Vögel im Verlauf der Jahre von Pol zu Pol beobachtet. Meine Bewunderung für die „Sterna paradisaea" ist grenzenlos, den einsamen Rekordhalter unter allen Zugvögeln der Welt.

Jenseits der kräftig fließenden Thjórsá, einem Fluß, der optimal zur Stromerzeugung genutzt wird, erhebt sich die etwa 1520 Meter hohe Hekla. Der Name des Berges wird mit „Umhang" oder auch „Haube" übersetzt. Die Hekla ist ein Wolf im Schafspelz! Denn dieser so arglos wirkende Berg ist Islands aktivster Vulkan. Nachdem sich die ersten Siedler auf der Insel festgesetzt hatten, etwa 200 Jahre nach dem Ende der Landnahme, stellte dieser Vulkan die ganze Besiedlung Islands in Frage. Im Jahr 1104 nämlich schleuderte die Hekla etwa zweieinhalb Kubik-

kilometer Asche aus. Rund die Hälfte des Landes versank unter einer Bimssteinschichte. Von den rund 30 Gehöften, die damals vernichtet wurden, ist Stöng das berühmteste. Es wurde wiederentdeckt und ausgegraben und wurde eine Touristenattraktion. Seit jenem verheerenden Aschenauswurf brach die Hekla etwa sechzehnmal aus, am 27. Februar 2000 zum vorläufig letzten Mal.

An einem Herbstabend war es mir vergönnt, die Hekla so zu sehen und fotografieren zu können, wie sie die Isländer immer empfanden und empfinden: als drohendes Vulkanungeheuer. Die meisten Berichte über Islands Vulkane beziehen sich auf die Hekla. Erste Schilderungen stammen aus dem 12. Jahrhundert: Der dänische Historiker Saxo Grammaticus berichtet von einem Berg, der infolge fortgesetzter Glut der Sonne gleicht,

fortwährend brennt und Feuer speit. Die christliche Welt des Mittelalters sah die Hekla als Tor zur Hölle, „... das Gott geschaffen habe, um den Menschen die Qualen der Hölle und des Fegefeuers ständig vor Augen zu halten“. Auch der Mönch Herbert von Clairvaux war in den Bann der Hekla gezogen und vergleicht den Berg mit dem Ätna, den er, gemessen an der „gewaltigen Hölle“ Hekla, als ein kleines Öfchen sah.

Die Isländer kommen, einst wie heute, der heißen Quellen wegen in dieses Gebiet. Kaum ein Einheimischer wandert je durch die vielfarbige Landschaft. Gerade aber die Farbigkeit der Bergwelt der Landmannalaugar ist es, was die internationale Touristenschar in die abgelegene Gegend lockt. Seit 1979 ist ein Gebiet von 470 Quadratkilometern als Fjallabak Naturschutzgebiet ausgewiesen.

Vor rund zwei Millionen Jahren stießen hier sehr aktive Vulkane riesige Rhyolithmassen aus – das größte Rhyolithvorkommen Islands überhaupt. Die Farbigkeit entsteht durch die Zersetzung dieses feinkörnigen vulkanischen Auswurfmaterials. Je nach Beleuchtung verändern sich die Farben. Das Panoramabild fotografierte ich in leichtem Nieselregen, da kommen die feinen Farbabstufungen am schönsten zutage. Also nicht verzagen: Landmannalaugar ist auch im Regen schön!

Am Fuß des „Brennisteinsfjöll“ liegen diese glänzenden Obsidianbrocken als der Beginn des riesigen Lavastromes, den die beiden vorangegangenen Bildseiten zeigen. Aus der linken Schulter des bunten Berges quoll einst all diese Lava hervor und schoß dünnflüssig wie Wasser rotglühend in das Tal. Durch die Dünnflüssigkeit entstand dieses schwarze Gesteinsglas – der Obsidian. Auf Island gibt es die Obsidianlavafelder über viele

Quadratkilometer, jeder noch so kleine Splitter darin verkörperte einst Handelswert! Obsidian schätzt der Mensch seit der Steinzeit. Als Pfeilspitzen, Klingen, Schaber und Schmuck wurde Obsidian einst bis Ägypten gehandelt. Die Mayas verfertigten damit ihre Opfermesser. Die isländische Vulkanwelt enthüllt auf Schritt und Tritt faszinierende Naturwunder.

Landmannalaugar – „Die heißen Quellen der Leute vom Lande“ – ein Muß auf jeder Islandfahrt! Die Bezeichnung bezog sich früher nur auf die heißen Quellen, die unter dem Lavastrom hervorsprudeln und in einem seichten Bach ein herrliches Naturbad schaffen. Schon in der Landnahmezeit ritten die Bauern am Ende des Winters gerne hierher, um im heißen Bad nach Monaten feuchter Kälte dem Körper diese Wohltat zu gönnen.

Das Naturbad ist bei den modernen Isländern genauso beliebt, nur kommt man heute das ganze Jahr hindurch hierher, und zwar mit den teuersten Geländewagen.

Vor dem Obsidianlavafeld, dort, wo auf dem Bild der Campingplatz und die Schutzhütte zu erkennen sind, schlängelt sich der unscheinbare Bach durch das Grün, der dem ganzen Landstrich seine Bedeutung und den Namen gibt.

Islands Landfläche beträgt etwas weniger als 103.000 Quadratkilometer, die Gesamtbevölkerung umfaßt etwa 245.000 Menschen, davon lebt die Hälfte allein in Reykjavik, der Rest in Städten, Dörfern und auf Höfen, die alle im Küstenbereich liegen. Das Innere Islands ist menschenleer. Wenn dann im September auch noch die Schafe und Pferde zusammengetrieben sind, die frei und halb verwildert während des Sommers diese

Landschaften noch ein wenig beleben, breitet sich urhafte Stille über das Land. – Das Landmannalaugar-Tal erscheint wie die Welt am 4. Tag der Schöpfungsgeschichte nach dem ersten Buch Moses: Die Tiere und Menschen sind noch nicht erschaffen.

Die Bergwelt der Landmannalaugar vom Gipfel des Bláhnúkur im nächtlichen Sonnenschein um ca. 23.00 Uhr! Jetzt den Kopf in den Schlafsack zu stecken, würde einem Sakrileg gleichkommen. Glücklicherweise sinkt das Schlafbedürfnis mit dem Wegfall der Dunkelheit drastisch. All das macht eine Islandreise in der richtigen Jahreszeit so schön, und diese liegt in bezug auf die hellen Nächte zwischen Ende Mai und Anfang August.

In dieser Zeit – und gerade in einem so schönen Wandergebiet wie es Landmannalaugar ist – kann man den Zauber nächtlicher Lichter voll auskosten. Nachtwanderungen unternehme ich auf Island schon seit vielen Jahren mit den Teilnehmern meiner jährlichen Fotoreisen. Wer mit mir nach Island reist, erlebt in 14 Tagen drei Wochen.

Islands Landschaften wirken oft wie gemalt. Ob es zum Beispiel die urwelthaften Flußlandschaften der Thorsmörk sind, gesehen vom Store Dimon, oder die Varianten der Säulenbasalte oder eine Landschaft wie diese in Ostisland. Auf schwarzen Lavaboden war unerwarteter Julischnee gefallen, doch schnell trat die kräftige Sommersonne wieder ihre Herrschaft an. In dieser kurzen Zeitspanne zwischen dem Bild eines

Schneefeldes und dem lebloser Lava entstand mein Panorama. Es fehlt die letzte Schärfe im Bild, denn über dem Boden flimmert die Hitze der aufgeheizten schwarzen Lava. Der Blick in den Sucher mit dem 560-mm-Teleobjektiv an der Leica war wie ein Blick unter Wasser: Alles bewegte sich in weichen Wellen.

Von den Pisten, die das hochgelegene und unbewohnbare Innere Islands queren, ist der Sprengisandsleid sicher die berühmteste Route. Auf einer Strecke von rund 200 Kilometern windet sich die „Straße" durch den Sprengisandur – eine nahezu vegetationslose Kies- und Sandwüste. Im Westen, begrenzt vom Hofsjökull und seinen unüberwindlichen Abflüssen, kann man an einem klaren Tag – wie das Panorama zeigt – in mehr als

200 Kilometern Entfernung die Schneekrone der Herdubreid und Ausläufer der Eisfelder des Vatnajökull sehen. Mehrfach queren Bäche und Flüsse, und nur Geländewagen oder hochgestellte Autos können dort noch furten.

Man kann aus einer Islandreise ein Abenteuer machen, man kann aber auch die verwegendsten Ziele mit dem Linienbus erreichen, der übrigens auch den Sprengisandsleid befährt!

In Islands größter Inlandwüste, dem Sprengisandur, liegen einige Oasen, die in einem wohltuenden Kontrast zur fast vegetationslosen Ödnis stehen. Das Arktische Weidenröschen blüht neben intensiv grünem Moos und flachen Kuppen, die mit der winzigen Krautweide begrünt sind. Die Autopiste, die heute durch dieses Gebiet führt, hat eine Länge von knapp 200 Kilometern, und man braucht einen ganzen Tag, um diese Strecke zu bewältigen. Im alten Island aber ritt man durch den Sprengisandur. Die Verbindung zwischen dem Norden und dem Süden der Insel auf verschiedenen

Reitrouten führte immer über das Hochland und durch die Wüsten. Die alten Berichte lassen erahnen, daß immer die Angst mitritt, die Angst, sich im Nebel zu verirren oder im Sand- oder im Schneesturm die spärlichen Markierungen zu verlieren. Welche Wohltat mußte einst eine solche Oase gewesen sein für Pferd und Reiter. Nun konnte die Seele wieder Mut fassen, und die Tiere fanden Futter.

Zu den etwa 520 Arten von Blütenpflanzen, die unter Islands Sonne gedeihen, gesellen sich noch rund 1000 verschiedene Arten von Flechten und Moosen. Moose sind oft der einzige Tupfen greifbaren Lebens in den Steinwüsten des Inneren der Insel. Die intensive Leuchtkraft vieler Moose gehört wohl zu den faszinierendsten Phänomenen der Flora Islands. Dem Wasser gleich scheint das Grün durch Tälchen zu fließen,

als Farbfurchen gliedern Moose öde Schutthänge und verleihen oftmals der Landschaft malerische Schönheit. Im Moos, das mein Panoramabild aus dem Landmannalaugar zeigt, liegen Wassertropfen wie funkelnde Diamanten an der Oberfläche.

Langsam hebt sich der graue Wolkenvorhang und gibt den Blick frei auf ein neues Szenenbild: Die Gletscher des Langjökull züngeln herab auf die dunklen Böden öder Wüsten aus Kies, Sand, Stein und Lava. Kein Mensch konnte sich je in dieser Unwirtlichkeit behaupten. Kein Gehöft in der Ferne lockert das Bild der Leblosigkeit auf. Ein paar Schafe dort und da, die völlig verwildert den Sommer im Hochland verbringen, ehe sie im Herbst

zusammengetrieben werden. Irgendwo durch dieses Niemandsland schlängelt sich eine Autopiste – die Kjölur. Es ist die kürzeste Verbindung zwischen den grünen, bewohnbaren Gebieten des Nordens und des Südens. Die Piste folgt uralten Reitrouten, die häufig benutzt wurden. Früher war es das Pferd, heute ist es der Geländewagen, der den Menschen durch die Wildnis trägt, seine eigenen physischen Kräfte reichen kaum für dieses Land.

Die Touristenhütte Hvitarnes scheint von den Eismassen eines steilen Hängegletschers bedroht, der vom Eisplateau des Langjökull herunterbricht. Doch zwischen der Hütte und dem Gletscher liegt ein schmaler See, die Geburtsstätte des Hvitá, jenes Flusses, der Islands berühmtesten Wasserfall bildet, den Gullfoss. Die Hütte bietet 30 Schlafplätze und ist ein beliebtes Wochenendziel der Isländer – im Sommer mit Geländewagen,

im Winter mit Skidoo oder Superjeep. Der Tourist, der auf der Inlandpiste Kjalvegur, oder besser bekannt als Kjölur, unterwegs ist, sollte den kleinen Umweg zu diesem idyllischen und großartigen Platz nicht scheuen.

Reisen auf Island ist anders! Viele Wanderwege sind durchschnitten von eiskalten, oft reißenden Bächen. Kein Gummistiefel ist hoch genug, oder man macht es wie Georg und beißt die Zähne zusammen. Die Zähne zusammenbeißen müssen sehr oft auch die „Biker", wie hier im Sprengisandur. Am besten scheint es noch der Autofahrer zu haben, vorausgesetzt sein Auto – vor allem die Luftansaugung des Motors – ist richtig für Island adaptiert. Vielfach hat es schon böse Pannen gegeben.

In Hveravellier tritt in Quellen siedend heißes Wasser an die Oberfläche. In einen Pool hat man solches Wasser eingeleitet und eine erträgliche Temperatur erzeugt. Es ist ein Bad für entschlossene Menschen, entschlossen sich auszuziehen. Viel mehr Entschlußkraft erfordert es allerdings, das warme Wasser wieder zu verlassen und in das kalte Zelt zu kriechen.

Das Öskjuvatn, ein Farbenwunder in der Öde der Wüsten um die Herdubreid, ist der große Kratersee neben dem berühmten Explosionskrater Viti im Gebiet der Askja. Bis weit in den Hochsommer treibt das Wintereis auf dem See, der ein trauriges Geheimnis birgt: Im Sommer 1907 erforschten der deutsche Geologe Walther von Knebel und sein Freund, der Maler Max Rudolf, den See. Dabei verschwanden sie spurlos. Man hat

auch nie irgend etwas von ihrer Ausrüstung oder die Verunglückten selbst gefunden. Vermutlich hat ein schwerer Bergsturz in den See ihr Boot zum Kentern gebracht. Die Verlobte von Knebels, Ina von Grumbkow, unternahm im Jahr darauf eine erfolglose Suchexpedition, deren Ende sie so beschreibt: „... Immer wieder ein Blick zurück, bis dem von Tränen geblendeten Auge alles verschwimmt."

Der ebenmäßige Tafelvulkan Herdubreid spiegelt sich in einem Tümpel der Oase Herdubreidalindir, die inmitten Islands ödester Landschaft, der Missetäter Wüste, liegt. Der Berg wurde 1908 vom Deutschen Hans Reck und dem Isländer Sigurdur Sumarlidason erstmals erstiegen. Walter Hansen beschreibt in seinem Buch „Asgard“, daß in diesem Berg die Götterburg des germanischen Mythos, Asgard, zu sehen sei.

Der höchste Berg Islands, der 2119 Meter hohe Hvannadalshnúkur, erhebt sich in mildem nächtlichen Licht über die Eisflächen des Vatnajökull. Es war 23.30 Uhr, als ich dieses Bild vom Gipfel des um 1000 Meter niedrigeren Kristianartindar fotografierte. Unbeschreibliche Stille und Einsamkeit, die ich damals erlebte, erfüllen dieses Bild mit Erinnerungen, die nicht mehr vergehen können.

Am Fuß des Gletschervulkans Snaefellsjökull zieht sich an der Südküste der schlanken Halbinsel Snaefellsnes eine von zerklüfteten Basalten gebildete Steilküste hin. Zahlreich sind dort Grotten und Höhlen, in denen sich donnernd die Meereswogen brechen. Das idyllische Fischerdorf Arnarstapi ist einer der Ausgangspunkte für schöne Küstenwanderungen. Das Panorama zeigt von dieser Küste einen „Wohnblock" für Dreizehen-

möwen, die hier besonders zahlreich vorkommen. Der Betrachter des Bildes mag sich vielleicht das Gekreische, Gurren und Gezwitscher der vielen Bewohner vorstellen können. Das Echo vom oft dicht gegenüber liegenden Vogelfelsen verleiht der Szene einen ganz besonderen „Sound“. Die Struktur der Säulenbasalte bietet den Vögeln besonders gute Nistmöglichkeiten.

In wohliger Geborgenheit wächst das flauschige Kücken heran, beschützt vom Muttertier. Im Unterschied zu anderen Möwen bleibt die junge Dreizehenmöwe so lange auf dem Nestplatz, bis sie „flügge“ ist. Die ornithologische Forschung wird auf Island intensiv betrieben. Auch diese Dreizehenmöwe ist, wie zu bemerken, bereits beringt.

Auf der Halbinsel Snaefellsnes liegt in unmittelbarer Meeresnähe dieser Felsendom, der von Möwen, aber vorwiegend von Trottellummen bevölkert ist. Dieser Vogel ist ein geschickter Flieger und Taucher und fischt vorzugsweise größere Fische – bis zu Heringsgröße. Mit dem Echo der Felswölbung herrscht hier ein ungeheures Getöse, in dem man sein eigenes Wort nicht verstehen kann.

Auf dem Weg zu Islands Westspitze und damit auch zu Europas westlichstem Punkt, dem Látrabjarg, passiert man den eindrucksvollen Dynjandifoss. Das Besondere an diesem Naturschauspiel ist wohl, daß das Wasser nicht im freien Fall herunterstürzt, sondern als rauschende Kaskade über die Felsen 100 Meter in die Tiefe gischtet.

Der Dynjandifoss liegt abseits der Hauptroute des Tourismus in Island, gehört aber sicher zu den beeindruckendsten Orten auf der ganzen Insel. Früher einmal stand an seinem Fuß das einsame Gehöft Dynjandi.

Die Bewohner lebten weltabgeschieden, wie es heute kaum vorstellbar ist. Über ihrer Hütte aber, auf ihrem Grund, rauschte ewig ein Kleinod isländischer Natur.

Der Papageitaucher, der die enge Gesellschaft der Artgenossen genießt, ist ein guter Fischer. Selten kommt er ohne Fang zurück. Mit seinem hübschen Schnabel und den Krallen gräbt er bis zu fünf Meter lange Niströhren für das eine Junge pro Jahr. Mitunter wird der Eingang mit eigener Düngung in ein nordisches Blumenparadies – wie hier mit Hundskamillen – verwandelt. An den Klippen des Látrabjarg, Islands

schönstem Vogelschutzgebiet, kann man den ulkigen Vogel am besten porträtieren.

Hochsommer regiert in den Nordwestfjorden, es blüht der Löwenzahn! Nun bleiben die Nächte hell. Um 2.00 Uhr früh tollen die Kinder um das Haus, die Erwachsenen sitzen am Griller, trinken Bier – und auch manchmal etwas Stärkeres. Die lang erwarteten hellen Sommernächte werden genossen. Am Höhepunkt des Winters geht die Sonne um 11.00 Uhr auf und um 14.00 Uhr wieder unter. Nun aber badet alles im Licht: die Tiere,

die Pflanzen und vor allem der Mensch. In der Intensität der Bestrahlung durch Licht in den Sommermonaten liegt das Geheimnis des erstaunlichen Wachstums in den Regionen rund um den Polarkreis. Island ist ja kein Land der Mitternachtssonne. Doch was macht es, wenn die Sonne für wenige Nachtstunden unter dem Horizont versinkt, das für alles Leben so wichtige Licht bleibt dennoch reichlich vorhanden.

Vor der Südküste Islands liegen mächtige, begrünte Felsbrocken im Meer – die 15 Westmänner-Inseln. Ihren Namen bekamen sie der Legende nach bereits in der Mitte des 9. Jahrhunderts, als von den Wikingern versklavte keltische Iren dort Zuflucht suchten. Die Iren waren für die Wikinger immer die Männer aus dem Westen – Westmänner. Nur eine der Inseln ist bewohnt – Heimaey –, und die Stadt darauf kann man in meinem Panorama rechts von der Bildmitte erkennen. Stadt und Insel wurden für kurze Zeit weltberühmt, als in einer Januarnacht des Jahres 1973 der

Vulkan Helgafell unvermutet, nach 5000jähriger Ruhe, losbrach. Links von der Mitte ist der kahle Vulkan zu erkennen, der damals die Menschen in Angst und Schrecken versetzte.

Das Schwemmland im Vordergrund wurde im Jahr 1918 in zwei Tagen aufgeschüttet, als unter 1000 Meter Eis am Myrdalsjökull ein Riesenvulkan feurig ausbrach und eine Sintflut aus Eis, Schlamm und Wasser zum Meer raste.

1973 wälzte sich die Lava mit 100 Metern pro Stunde der Stadt und der Hafeneinfahrt zu. Teile der Stadt liegen heute unter 100 Metern Lava begraben, aber das die Existenz der Inselbewohner am meisten Bedrohende konnte verhindert werden: Die Hafeneinfahrt wurde nicht abgeschnürt. Millionen Liter eiskaltes Meerwasser spritzte man auf die glühende Lavafront und brachte sie zum Stillstand. Zum ersten Mal siegte

der Mensch über einen feuerspeienden Lavastrom! Im rechten Teil des Bildes ragt die grüne Kuppe des Heimaklettur über schroffe Abstürze empor. Das ist „der Aussichtsberg“ der Insel. Im Sommer grasen Schafe auf dem Grün, die im Herbst wieder abgeseilt werden, so wie man sie im Frühling hinaufhievte. Auf diesem wie auf allen anderen Gipfeln der Westmänner-Inseln werden mit Begeisterung die Papageitaucher gefangen.

1973, nach dem Vulkanausbruch, waren die meisten der Häuser auf Heimaey bis zum Dachfirst unter schwarzer Asche begraben. Die Einheimischen und viele Helfer aus anderen Ländern schaufelten sie frei.

Vieles ist neu gebaut und schon wieder alt. Aber an einem schönen Julimorgen aus 200 Meter Höhe, vom Heimaklettur aus gesehen, ist die Stadt wie aus dem Ei gepellt. Die Bewohner dieser Häuser verdienen gutes

Geld mit der Fischerei. Heimaey erarbeitet allein zehn Prozent der isländischen Exporte. Auf der sechs Kilometer langen und drei Kilometer breiten Insel gibt es rund 4800 Einwohner und für die 1500 Autos ein Straßennetz von etwa 40 Kilometern! Beim Blick in den Sucher – mit dem 560-mm-Teleobjektiv an der Kamera – vermeint man, in eine Spielzeugstadt in einem Kinderzimmer zu schauen.

So wünscht man sich den Papageitaucher zu sehen – und so sieht man ihn auch – dort, wo er an steilen Klippen zuhause ist, wie hier über Heimaey, in munterer Gesellschaft, vom „Schnabel bis zur Sohle“ in hübschen Farben angetan. Dann aber, wenn man ihn nicht sieht, im Winter, wenn er draußen auf dem Meere treibt, schält sich die bunte äußere Hülle vom Schnabel, der dadurch unauffälliger und auch kleiner wird.

Achtung, ich lande! Der Papageitaucher ist ein hervorragender Schwimmer und Taucher, doch als Flieger macht er meist eine komische Figur. Landungen kann man nur mit Herzklopfen mitansehen, denn irgend etwas droht immer im letzten Augenblick schiefzugehen.

Nach erfolgreicher Lundijagd – wie man den Papageitaucher auf Isländisch nennt – steigt der Fänger wieder vom steilen Heimaklettur ab. Auf den vielen Inseln der Westmänner-Gruppe wird überall Jagd auf die bunten Vögel gemacht. Lundi gilt auf Heimaey als besondere Delikatesse.

Vom Frühsommer an sind Islands Landschaften gesprenkelt mit den hellen Tupfen – gelegentlich ist auch ein schwarzer dabei – der umherziehenden Schafe, immer in kleinen Gruppen von zwei, drei, höchstens einmal vier Tieren. Mit dem Fortschreiten des Sommers erreichen sie dann die Grenzen zu den hochgelegenen Inlandswüsten, die sie kaum betreten. Während dieser Monate verwildern die Tiere total und lassen keinen

Menschen auch nur auf hundert Meter an sich heran. Selbst in schroffigen Steilhängen, in einem Gelände, in dem man sich bestenfalls noch Gemsen vorstellen könnte, klettern und fressen sie. Ohne bestens abgerichtete Hunde würde man die Tiere nie mehr zu den Höfen zurückbringen können.

Auf nächtlicher Wanderung schließt der pfiffige Hund Freundschaft mit Thobias. Der nun so verspielte Vierbeiner wird sehr bald zum unentbehrlichen Helfer, wenn es gilt, die Schafe zusammenzutreiben.

Wie das Islandpferd kam auch der Hund schon vor mehr als tausend Jahren nach Island. Den reinrassigen Islandhund erkennt man an den aufrechten Ohren, dem geringelten Schwanz und an seinem dichten Fell.

Viele Schafe werden im Mai geboren. Da stehen sie noch auf wackeligen Beinen. Die nun Neugeborenen werden bis zum Herbst flink durch die Wildnis springen – immer in unmittelbarer Nähe der Mutter.

Die isländischen Schafe sind Nachkommen einer alten nordischen Rasse, die mit den ersten Siedlern vor mehr als tausend Jahren auf die Insel kamen. Auch das Muttertier trägt Hörner.

Hunde und Reiter treiben die Schafe aus den hintersten Tälern. Zunächst dünne Linien bildend, „fließen" die wolligen Tiere die Hänge hinunter, und es werden ständig mehr, bis daraus ein Strom wird. So streben sie den Sammelpunkten entgegen, wo die Tiere „sortiert" werden müssen. Denn während des Sommers hat sich der Besitz vieler Bauern total vermischt. Schon beim Treiben findet der Bauer Helfer, die teils aus der Stadt kommen

und hier ihren Urlaub verleben wollen, in dem sie Schafe treiben. Jedes Tier hat an den Ohren Nummern, die den Besitzer ausweisen, jedes Tier muß einzeln aus der Masse von oft Tausenden herausgesucht werden.

Wer ein Schaf als sein Eigentum identifizieren konnte, befördert es im Reitsitz aus der Masse heraus, um es in einen dafür vorbereiteten Pferch zu bringen. Von dort geht es zum heimatlichen Hof.

Die tagelange Mühe und Schinderei mit den Schafen wird belohnt.
Die Arbeit wird zum Fest! Brennivin und Wodka machen die Runde, und Endloslieder, in den Melodien ähnlich unseren Wanderliedern, krönen die Stimmung.

Vom nur 529 Meter hohen Gipfel des Vindbelgjarfjall über dem Westufer des Myvatn bietet sich der beste Blick über das gesamte Gebiet. Schöne Pseudokrater liegen direkt am Fuß des Berges. Sie entstanden, als bei einem der vielen Lavaergüsse in den See verdampfendes Wasser emporschoß. Dahinter, auf der anderen Seeseite, stößt der klobige Burfell an die Wolken, und weit links im Bild zeigen sich die hellbraunen Flächen von

Islands aktivsten Solfatarengebieten Námasfjall und Námaskard. Den Abschluß des Panoramas bildet links hinten der Tuffberg Krafla. Der Name des Sees ist eigentlich ein übler Leumund: Mückensee. Doch es ist nicht halb so schlimm, wie der Name es vermuten läßt. Der Myvatn ist ein Vogelparadies ersten Ranges! Rund um den See ist vieles zu finden, was Island so faszinierend macht.

Islands jüngster Boden! Im September 1984 öffnete sich die Leirhnjúkur-Spalte, die im Verlauf von Islands Vulkangeschichte schon öfter von sich reden machte, und übergoß ein riesiges Gebiet mit rotglühender Lava.

Nun, an der Oberfläche erkaltet, ist es in tieferen Schichten immer noch so heiß, daß Regen als Wasserdampf wieder empor steigt. Hier, im Gebiet der Krafla, sind wir am Puls des Erdinneren! Man vermutet in drei bis fünf

Kilometern Tiefe unter der Krafla-Caldera eine riesige Magmakammer, die sich infolge der hier vorhandenen plattentektonischen Spalten von Zeit zu Zeit entleert. Der bisher jüngste Ausbruch war sicher nicht der letzte.

Dem Islandwanderer bieten gerade diese absolut sterilen Flächen die Möglichkeit zu beobachten, wie schnell dort und da neues Leben entsteht.

Durch die Rohre schießt Dampf aus dem Boden der vulkanischen Zone Krafla zum geothermischen Kraftwerk Kröfluvirkjun, um dort Turbinen zur Stromerzeugung zu drehen. Die Energiereserven, die in der Wasserkraft von Islands Flüssen stecken oder aus geothermischen Quellen gewonnen werden können, sind gewaltig! Sie reichen aus, um 50.000 GWH im Jahr zu erzeugen. Es werden aber nur 4450 GWH jährlich genutzt, was immerhin

99,9 Prozent des Verbrauchs an elektrischer Energie auf der Insel entspricht. Der Pro-Kopf-Verbrauch an Elektrizität in Island mit 17.500 KW gehört zu den höchsten der Welt. Es rechnet sich sogar, Bauxit aus Australien nach Island zu schippern, dieses hier zu verarbeiten und das fertige Aluminium wieder in alle Welt zu verfrachten.

Am nördlichen Eingang des grünen Bardatales, die Bardadalur, stürzt der Skjalfandafljót über die letzte Felsstufe, über den Godafoss, ehe er das Meer erreicht. Der Legende nach hat ein Gode nach der Heimkehr von Thingvellir, wo er am Althing des Jahres 1000 teilnahm, bei dem – wie erinnerlich – das Christentum angenommen wurde, die mit germanischen Götterbildern beschnitzten Pfeiler seines Hochsitzes in den Fluß geworfen,

die dann über den Fall stürzten. Der Hochsitz war der Thron eines Goden. Nach seiner Bekehrung zum Christentum waren die bis dahin verehrten germanischen Götter für den getauften Christen zu Götzen geworden.

Einer der schönsten Wasserfälle Islands erhielt durch diese Legende seinen Namen.

Struppig stehen die Pferde im feuchtkalten Nebel nahe der Küste des Skagafjords. Es ist Mai, die Zeit, in der die Tiere ihren Winterpelz verlieren, eine Zeit, in der die Züchter ihre Pferde nicht gerne präsentieren. Mit ihrem Winterkleid können diese prächtigen Geschöpfe beißende Schneestürme überstehen. Als Leckerbissen der Zufütterung stellt mancher Bauer ein Faß mit Heringen auf die Weide.

Im Norden Islands befinden sich die größten Pferdeherden. Pferdezucht ist hier vorrangig. Etwa 60.000 Pferde leben auf der Insel und rund 1000 von ihnen werden jährlich exportiert. In mehr als elf Jahrhunderten hat man das Islandpferd nicht verändert, hat ihm keine Eigenschaften ab- oder angezüchtet. Seit mehr als 1000 Jahren ist kein Pferd mehr nach Island eingeführt worden. Es ist das reinblütige Pferd der Wikinger geblieben.

Die Begegnung mit einer verwilderten Pferdeherde im Schein der nächtlichen Sonne, hoch oben in den Bergen. In wilden Hengstkämpfen regeln die Tiere ihre soziale Ordnung und ziehen monatelang umher, ohne vom Menschen dirigiert zu werden. Im Herbst treibt man sie zusammen und scheidet sie ähnlich wie die Schafe, damit jeder Bauer wieder in den Besitz seiner Tiere kommt. Im Winter bleiben sie nahe dem Hof.

In Islands Vogelwelt gibt es auch Tiere, die nicht so „alltäglich“ sind wie die Möwen. Die Eiderente z. B. brütet in Kolonien, in denen die Bauern die kostbaren, flaumigen Federn ernten. Der Erpel stolziert wie ein „Prahlhans“ um die Henne. Auf der Insel Eldey befindet sich mit ca. 15.000 Paaren eine der größten Baßtölpelkolonien der Welt! Singschwäne brüten im Islandsommer an vielen Stellen.

Die nördlichste der größeren Siedlungen auf Island ist Siglufjördur. Das Städtchen mit 2000 Einwohnern liegt in einer Einkerbung der Halbinsel, die sich zwischen dem Eyjafjord und dem Skagafjord weit in den Norden vorschiebt. Vom Gipfel des Hvanneyrarskál hat man den besten Blick auf die Bucht und den Ort. Nahezu alle Bewohner leben von der Fischerei und der Fischverarbeitung.

Der viele Schnee, der im Mai noch auf den Berghängen liegt, läßt die Grimmigkeit des Winters in dieser Bucht erahnen, die schutzlos nach Norden geöffnet ist. In den langen Wintermonaten gibt es nur wenige Stunden Licht pro Tag. Für die Menschen, die hier geboren wurden, ist dies die Heimat, in die sie verwurzelt sind, die sie lieben. Nur wirtschaftliche Not könnte sie von hier vertreiben.

Islands Klima ist nicht so grimmig, wie oft angenommen wird, weder im Sommer noch im Winter. Ein Arm des Golfstromes, der Irmingerstrom, umspült die Insel im Uhrzeigersinn, macht dieses Land dadurch erst bewohnbar und nimmt dem Winter die Härte, die sonst auf dieser geographischen Breite herrschen müßte. Dies gilt natürlich nur für die Küstengebiete im Wirkungsbereich des Warmstromes und nicht für das höher gelegene,

unbewohnte Inland. Während in der Hafenstadt Akureri z. B. in den letzten Jahrzehnten mit – 20 Grad Celsius eine der tiefsten Temperaturen gemessen wurde, liegen die Werte im Hochland weit darunter. Dem Touristen kann der Islandwinter böse Überraschungen bescheren. Anstatt strahlender Schneelandschaften kann er eisigen Regensturm erleben. Etwas Glück, und der Winter ist der Islandhöhepunkt!

Hier beginnt das Island, das durch viele Generationen hindurch dem Isländer im Winter völlig verschlossen blieb. Nur gelegentlich hat ein für vogelfrei erklärter Sünder in seiner Not es gewagt, in die Schneewüste einzudringen. Im 18. Jahrhundert überlebte der Geächtete Fjalla Eyvindur einen Winter in der Herdubreidalindir! Der Nimbus des Todbringenden ist diesen Landschaften erst in jüngster Zeit genommen worden. Heute fährt

man mit dem Skidoo, dem Snowmobil und dem Superjeep in den Hochlandwinter. Eine „Hochkultur“ an schneegängigen Fahrzeugen hat sich auf Island entwickelt, und manche der „Allradfans“ können den Winter kaum erwarten, um ihre Inlandabenteuer zu beginnen.

Unter Islands Wasserfällen steht der Gullfoss in der Berühmtheit bei weitem an erster Stelle. Das kommt nicht nur von seiner Großartigkeit, sondern auch von der Tatsache, daß er der Hauptstadt Reykjavik am nächsten liegt. Touristen, die auch nur einen einzigen Tag auf Island verbringen – die vielen Kreuzfahrer –, können ihn besuchen. Das Bild zeigt den Oberteil des zweistufigen Falls. Hier rauscht das Wasser des Hvitá ungestüm heran, um

weiter unten endgültig in die Tiefe zu stürzen. Die Welt verdankt dieses Naturwunder Sigridur, der Tochter des Hofes Brathold. Sie verhinderte in den zwanziger Jahren den Verkauf und eine spätere Verbauung dieser ungeheuren Wasserkraft. In der Sigridurstofa, einem kleinen Museum nahe dem Fall, hat man ihr ein, für ihre Tat sehr bescheidenes Denkmal gesetzt.

Ein strahlender Wintertag am Gullfoss – dem Goldfall – ist ein vielleicht unwiederholbares Geschenk für einen Islandfan wie mich. Wie viele Male habe ich diesen Fall im Sommer gesehen? Immer war ich begeistert, aber nun im Winter war alles übertroffen. Im Sommer stehen Hunderte Menschen an den Aussichtsplätzen, nun war nur das Tosen der Elemente zu vernehmen, das sich für eine Handvoll Bewunderer entfaltete. Wir

blicken hier auf den Hauptfall, der in eine enge Schlucht stürzt, in der die ungeheure Wassermasse zu kochen scheint. Zu gewaltigen Eisgebilden ist der Gischt gefroren, der im Sommer weit über den Fall weht und die Besucher verscheucht. Der winterliche Gullfoss ist Islands Natur wie vor dem Menschen, ungezähmt, wild und ursprünglich.

In Island liegen Attraktionen oft dicht beisammen. So auch im Umfeld des Gullfoss, denn es sind gerade fünf Kilometer vom Wasserfall zum Heißquellengebiet Haukadalur, zum Geysir Strokkur. Eigentlich sind es zwei berühmt gewordene Springquellen, die hier neben vielen kleinen – inaktiven – heißen Quellen ihre „Show" abziehen. Das heißt, der große Stóri-Geysir hat sich schon jahrelang nicht mehr aktiv gezeigt. Man warf

50 Kilogramm Schmierseife in den Schlund, was den Siedepunkt des Wassers erhöht, auch das weckte ihn vorläufig nicht mehr auf. Von ihm, dem Vater der Geysire, bekamen alle Springquellen der Welt ihren Namen – Geysir. Der kleine aber, der Strokkur, jagt alle paar Minuten eine bis 20 Meter hohe Wassersäule in die Höhe. Im Sommer von vielen Bewunderern beklatscht, im Winter ganz für sich allein.

Lichtpalästen gleich leuchten die Gewächshäuser durch die ausklingende Winternacht. Im Februar ist es um 8.00 Uhr früh – die Zeit, in der ich das Foto machte – noch so dunkel. Beheizt mit dem unerschöpflichen Reichtum an geothermischem Heißwasser, gedeihen hier nicht nur Früchte und Gemüse unserer Breiten, sondern auch tropische Pflanzen und Blumen. Dieses Grün ist es, das den Isländern die Hoffnung am Leben

erhält, daß nach der langen Winternacht wieder das viele Licht zurückkehrt. Die Anlage ist Teil eines großen Komplexes in Hveragerdi, wo mehr als 200.000 Quadratmeter unter Glas gebracht wurden. Unter Glas kann der Isländer der Natur nun alles das entringen, was sie sonst im Klima des Landes nicht geben würde. So nahe an Reykjavik, wo rund die Hälfte der Gesamtbevölkerung wohnt, blüht das Geschäft mit dem frischen Grün.

Der westliche Horizont trat schon früh in das Bewußtsein der Isländer. Spätestens seit damals, als der Wikinger Gunnbjörn im Jahr 920 mit seinem Boot so weit westwärts abgetrieben wurde und Berge sah, wußte man, im Westen gibt es Land! Im Jahr 982 segelte Erich der Rote nach Westen und entdeckte Grönland. Es war die Flucht nach seiner Verurteilung am Althing, für drei Jahre als vogelfrei zu gelten, die ihn zu seiner berühmten

Entdeckung führte. Er schaffte die Umrundung der Südspitze Grönlands und fand in den grünen, offenen Fjorden des Südwestens seine neue Heimat. Nach Ablauf der Ächtung kehrte er nach Island zurück und löste den Aufbruch nach Westen aus, der zur Kolonisierung Westgrönlands führte. Die Kolonie ging nach blühenden Jahrhunderten wieder unter, der Schritt nach Amerika aber war vorbereitet.

ÜBER DIE FOTOGRAFIE IN DIESEM BUCH
FOTO-EPILOG

Island gehört sicherlich zu jenen „Fotoländern", die eine sehr aufmerksame Auseinandersetzung mit der Natur erfordern. Gewiß, da sind die spektakulären Wasserfälle – tosende Naturgewalten, die niemand übersehen kann und die man fotografisch nur schwer „vermurksen" kann. In Islands Landschaften sind jedoch die feinnervigen Motive vorherrschend, wie etwa das Panorama vom Kerlingarfell auf den Seiten 24/25 zeigt. Derartige Malereien der vulkanischen Natur kann man nicht im „Vorbeigehen" ablichten, in eiligem Reportagestil auf den Film bannen.
Aber gerade dieses wesentliche Element der Natur Islands sensibilisiert. Es verlangsamt das Tempo der Fotografen. Die aufmerksame Auseinandersetzung mit Islands eigenwilliger Natur wird dem Fotografen von eben dieser Natur aufgedrängt. Da vieles in diesem Land so weitläufig ist, urhaft und groß, bleibt manche Enttäuschung nicht erspart bei allzu großzügiger Verwendung des Weitwinkel-Objektivs. Der Blick in den Sucher berauscht. Allein der Verkleinerungseffekt – jedem Fotografen wohl bekannt und dennoch immer wieder eine Falle – birgt manche Ernüchterung in sich. Allmählich findet man zum „selektiven Ausschnitt" aus dem Ganzen. Die komprimierte Zusammenfassung dessen, was als Detail für das Ganze spricht, bietet sich als beste Lösung. Islands grandiose Natur wird durch Unaufmerksamkeit in der Ausschnittswahl sehr leicht zu banaler Langweiligkeit.
Zehn verschiedene Fotografen ergeben zehn verschiedene Betrachtungsweisen der Motive. Island ist auch für den die richtige Insel, der sich allzusehr an fotografischen Vorbildern orientierte oder sich sogar „Gestaltungsdogmen" aufdrängen ließ, die seine eigene fotografische Ausdruckskraft zurückdrängten. Island macht davon frei.
Ich will mit meinen Bildern keine kreativen Gesetze ausdrücken, sondern ich hoffe, nur da und dort Anregungen geben zu können.
Vor vielen Jahren begann ich mit der „Panorama-Fotografie" und habe sie mit größtem Erfolg bei meinen Vorträgen auf Breitwand angewandt. Auch Island ist ein „Panoramaland". Wenn ich als Beispiel die Flußlandschaft des Skeidará im Einleitungs-Bildblock auf den Seiten 28/29 anführe, so haben wir damit ein Paradebeispiel der Sinnhaftigkeit von Panoramafotos vor uns. Beide Aufnahmen habe ich mit 35-mm-Weitwinkel fotografiert. Dieses Objektiv hat einen Bildwinkel von 64 Grad. Das Panorama erfaßt also einen Winkel von 128 Grad ohne die Verkleinerung eines Superweitwinkels.
Ich verwende häufig Superweitwinkel, in der Landschaftswiedergabe setze ich aber auch oft auf das Panorama. Alle Panoramabilder in diesem Buch setzen sich aus zwei Aufnahmen zusammen, die ich nacheinander fotografierte. Zur Orientierung im Sucherbild benütze ich die Gitterscheibe. Für die Panoramaaufnahmen ist das Stativ nicht unbedingt erforderlich. Die meisten Panoramen fotografiere ich „freihand". Natürlich nicht jene, die mit extrem langen Brennweiten aufgenommen wurden.
Um diesem Buch die Vielfalt zu geben, die Island bietet, bin ich nicht nur im Sommer, sondern zu allen Jahreszeiten auf der Insel unterwegs gewesen. Jede Jahreszeit hat ihren besonderen Reiz, doch gehört der Winter zweifellos zu den Höhepunkten.
Wie bei allen meinen Büchern entstanden auch die Aufnahmen zu diesem Buch mit der Leica und einer breiten Auswahl verschiedener Objektive, die ich hier mit den verwendeten Kameras – Leicaflex, Leicaflex SL 2, Leica R4, Leica R5, Leica R6, Leica R8 – vorstellen will.

Super-Elmar-R	1:3,5/15 mm	Macro-Elmarit-R	1:2,8/60 mm
Elmarit-R	1:2,8/19 mm	Apo-Macro-Elmarit-R	1:2,8/100 mm
Super-Angulon-R	1:4/21 mm	Apo-Telyt-R	1:3,4/180 mm
Vario-Elmar-R	1:3,5–4,5/28–70 mm	Telyt-R	1:4/250 mm
Elmarit-R	1:2,8/28 mm	Telyt-R	1:6,8/400 mm
Summicron-R	1:2/35 mm	Telyt-R	1:6,8/560 mm
Summilux-R	1:1,4/50 mm	Extender-R 2x	
Summilux-R	1:1,4/80 mm	Polarisationsfilter	
Elmarit-R	1:2,8/90 mm		

Island bleibt für mich weiterhin ein Sehnsuchtsland, in das ich immer wieder zurückkehren werde. Bei den Fotoreisen, die ich jährlich mit begeisterten Fotografen nach Island unternehme, habe ich gesehen, daß Island nicht nur für mich „ansteckend" wirkt, sondern sich viele in dieses Land verlieben, bei dem „Liebe auf den ersten Blick" nur selten gelingt.